복 있는 사람

오직 여호와의 율법을 즐거워하여 그 율법을 주야로 묵상하는 자로다.
저는 시냇가에 심은 나무가 시절을 좇아 과실을 맺으며 그 잎사귀가 마르지 아니함 같으니
그 행사가 다 형통하리로다. (시편 1:2-3)

생각은 물음에서 시작한다. 묻지 않고서는 생각할 수 없다. 물음은 삶에서 경험하는 놀라움과 당혹에서 비롯된다. 그런데 묻기 시작한다 해도 따라가야 할 길을 모르면 제대로 물을 수 없다. 존 프레임의 『우리는 모두 철학자입니다』는 우리가 물음을 가지고 걸어갈 때 어디를 향해 걸어가야 할지, 무엇에 주의해야 할지, 방향 표시판을 어떻게 읽어야 할지에 관해 짧지만 신뢰할 수 있는 안내를 제공한다. 이 책을 통해 많은 그리스도인들이 철학하는 즐거움을 충분히 누릴 수 있으리라 믿는다.

강영안 | 미국 칼빈 신학교 철학신학 교수

이 책이 존 프레임의 저작이라는 사실이 놀랍다. 대작 『서양 철학과 신학의 역사』와 같이 그의 책들은 대부분 방대하기 때문이다. 펼치기 전에 겁을 먹지 않아도 될 기독교 철학책이라 너무 좋다. 더욱 놀라운 사실은 친절하기까지 하다는 것이다. 철학과 신학에 관심이 있는 이들에게 최적의 입문서일 뿐 아니라, 모든 그리스도인이 관심을 가질 만한 책이다. 영원을 사모하는 마음이 심겨진 우리 모두가 바로 철학자이기 때문이다.

신국원 | 총신대학교 신학과 명예교수

대가일수록 오히려 쉽게 설명할 줄 안다는 말이 있다. 이 책을 읽으며 그 말의 의미를 새삼 깨닫게 되었다. 현대의 조직신학자들 가운데 존 프레임만큼 철학적 조예가 깊은 사람은 많지 않을 것이다. 이 책에서 그는 철학적 신학의 주요 주제들을 철학에 문외한인 일반인들도 쉽게 이해할 수 있도록 풀어놓았다. 명불허전이 따로 없다. 그리 두껍지 않은 이 책 한 권으로 우리는 기독교 세계관과 철학, 성경적 구원론과 윤리학의 핵심을 파악하게 된다. 쾌도난마의 박진감과 진지한 성찰, 명쾌한 설명과 자상한 배려가 어우러진 이 책은 신앙적 깊이를 더해 주는 교과서로 안성맞춤이다.

우병훈 | 고신대학교 신학과 교수

나는 학생들에게 누구나 철학을 하고 있다고 이야기한다. 유일한 질문은 우리가 과연 그 작업을 잘 수행하고 있는지 여부이다. 탁월한 신학자인 존 프레임의 이 작고 즐거운 책을 읽는 독자들은 바람직한 철학함을 시작할 수 있는 출발점에 서게 될 것이다. 이는 곧 하나님의 말씀이라는 렌즈를 통해 인생의 큰 질문들을 진지하고 주의 깊게 숙고해 보는 작업이다. 나는 이 책 『우리는 모두 철학자입니다』를 철학적 사고에 대한 이해하기 쉽고 깊이가 있으며 성경적인 개론서로 열렬히 추천한다.

제임스 앤더슨 | 리폼드 신학교 신학·철학 교수

여기에 사람들이 자신과 세상에 관해 품는 큰 질문들을 이해하기 쉽고 매력적인 방식으로 다룬 책이 있다. 이 책에서 프레임은 서양 철학의 역사에서 제시되어 온 여러 대안적인 대답들과 소통하면서 논의를 전개하며, 성경의 계시에 근거한 자신의 답을 대중적이며 명료한 방식으로 표현하고 있다. 이런 점에서 이 책을 적극 추천한다.

번 포이트리스 | 웨스트민스터 신학교 신약학·성경해석학 교수

이 책에서 존 프레임은 온전히 성경에 토대를 둔 세계관에 입각해서 일곱 가지의 근본적인 질문들에 답을 주고 있다. 이를 통해 그는 평범한 그리스도인들이 그리스도의 마음을 좇아 철학적 사유에 참여할 수 있게 도와준다. 짧고 대중적이며 읽기 쉬운 방식으로 쓰인 이 책에서, 프레임은 그리스도인들이 인생의 질문들을 놓고 씨름할 때 주님을 경외하는 일이 진실로 지혜의 시초이며 모든 사유의 토대임을 보여주는 대답들을 제시한다. 지금 이 세대에서 복음의 진리를 알고 그것을 선포하기 원하는 모든 그리스도인에게 이 책을 적극 추천한다.

스티븐 J. 웰럼 | 서던 뱁티스트 신학교 기독교신학 교수

우리는 모두 철학자입니다

John M. Frame

We Are All Philosophers
: A Christian Introduction to Seven Fundamental Questions

존 프레임 지음 · 송동민 옮김

우리는 모두

철학자 입니다

생각하는
그리스도인을
위한

———

일곱 가지
핵심 질문 ———

복 있는 사람

우리는 모두 철학자입니다

2020년 11월 19일 초판 1쇄 인쇄
2020년 11월 26일 초판 1쇄 발행

지은이 존 프레임
옮긴이 송동민
펴낸이 박종현

도서출판 복 있는 사람
주소 서울특별시 마포구 연남동 246-21(성미산로23길 26-6)
전화 02-723-7183(편집), 7734(영업·마케팅)
팩스 02-723-7184
이메일 hismessage@naver.com
등록 1998년 1월 19일 제1-2280호

ISBN 978-89-6360-371-1 03230

이 도서의 국립중앙도서관 출판예정도서목록(CIP)은
서지정보유통지원시스템 홈페이지(http://seoji.nl.go.kr)와 국가자료공동목록시스템
(http://www.nl.go.kr/kolisnet)에서 이용하실 수 있습니다. (CIP 제어번호: 2020043968)

We Are All Philosophers
by John M. Frame

차례

서문

『서양 철학과 신학의 역사』*A History of Western Philosophy and Theology*를 쓰고 난 뒤, 나는 일반 독자들이 읽기에 부담스럽지 않은 철학책을 한 권 더 쓸 수 있겠다는 생각을 하게 되었다. 나는 이 책을 역사적인 흐름에 따라 서술하기보다는 주제별로 구성하고, 훨씬 더 짧고 단순하게 서술하기로 했다. 이 책은 철학에 입문하는 학생들(이 중에는 대학과 신학교 수준의 학생들과 일부 고등학생들까지 포함된다)에게 더 적합할 것이며, 철학자들이 제기하는 질문들의 실제적인 성격을 뚜렷이 파악하는 데 도움을 줄 것이다. 실제로 우리가 '철학적인 질문들'로 부르는 물음들은 우리 모두가 이런저런 방식으로 던져보곤 하는 것들이다. 이 책은 모든 배경에 속한 독자들이 이 질문들을 명확하고 깊이 있게 숙고해 보도록 도와줄 것이다.

이전에 쓴 책들에서[1], 나는 우리가 성경적인 전제들을 염두에 두지 않고서 철학 작업을 수행하려 해서는 안 된다는 점을 강조한 바 있다. 나는 여전히 그 입장을 고수하고 있으며, 그런 의미에서 이 책은 하나의 기독교 서적이 될 것이다. 나는 우리의 철학이 종교적으로 중립적인 성격을 띨 수 있거나 또는 그래야만 한다고 믿지 않는다. 다만 이 책에서 나는 그 원칙을 말로 표현하기보다는 책의 마지막 장까지 직접 보여주는 쪽을 택했다. 이 책의 주된 관심사는 변증 방법론이 아니기 때문에 이전에 했던 것처럼 전문적인 변증가들에 관해 논하지는 않을 것이다. 하지만 나는 이 책의 논증을 통해 하나님에 관한 진리를 억누르는 일은 결국 지적인 혼돈으로 이어진다는 점이 드러나게 되리라고 믿는다.

그러므로 나는 모든 사람이 이 책의 독자가 되기를 기대한다. '철학적인 질문'들은 곧 우리가 모두 던지는 물음들이며, 이 책의 제목은 바로 그런 인식에서 유래했다. 『우리는 모두 철학자입니다』

나는 이 책을 총명한 청년인 콜린에게 헌정한다. 그는 어린 시절부터 철학적인 질문들을 제기해 온 젊은이다. 홈스쿨링을 하던 그의 가족이 올랜도로 이주해 왔을 때, 콜린의 아버지는 그에게 리폼드 신학교의 교수인 프레임 박사를 만나게 되면 평소에 궁금했던 점들을 물어볼 수 있을 것이라고 말해 주었다. 당시 나를 만난 콜린이 처음으로 던진 질문은 이러했다. "이 우주를 구성하는 기본 구조는 무엇인가요?" 나는 좋은 답을 주기 위해 애썼지만 썩 만족스럽지는 못했던 듯싶다. 이 책의 첫 장에서 나는 콜린의 질문에 더 나은 대답을 제시해 보려고 시도했다. (물론 당시에 어린 아이였던 콜린이 이해하기에는 어려운 답이었을 수도 있지만 말이다.)

그리고 이어지는 장들에서는 내가 그때 콜린의 첫 질문에 적절히 답해 주었더라면 그 아이가 추가로 던졌을 법한 다른 질문들에 답해 보려 했다.

1. 만물은 무엇으로 이루어져 있는가

우리가 이 세상에 관해 무엇보다 먼저 알기를 원하는 일들 중 하나는 바로 그 구성 요소들에 관한 문제이다. 우리는 초콜릿 케이크 안에 무엇이 들어가며 우리가 살 집을 짓는 데에는 어떤 재료들이 쓰이는지, 또 우리가 사용하는 스마트폰은 어떤 칩들에 의해 작동되는지 등에 관해 호기심을 품곤 한다. 우리는 개인적인 경험을 통해 이런 질문들의 답을 찾는 수준을 넘어 다른 이들에게 묻거나 또 다른 자료들을 참조함으로써 그 경험을 확장시켜 나가게 된다. 그리고 우리가 "이 쿠키에는 소금이 몇 밀리그램이나 들어있나요?"처럼 더욱 기술적인 질문을 던질 때, 우리는 전문성을 지닌 과학자들에게 의존하게 된다. 이러한 그들의 관점은 이 세상의 실재가 지닌 추가적인 차원들로 우리를 이끌어 간다. '이 세상의 모든 것은 주기율표에 속한 원소들로 이루어져 있으며, 이 원소는 다양한 종류의 아원자 입자(원자보다 작은 입자—옮긴이)들로 구성

되어 있다.' 최근의 한 이론에서는 만물이 궁극적으로는 '진동하는 끈'*들로 이루어져 있다고 주장한다. 하지만 이에 대하여 나는 일종의 비과학적인 방식으로 "그러면 그 끈들은 무엇으로 이루어져 있는가?" 하는 질문을 던지는데, 이 질문에 대한 어떠한 답도 아직 듣지 못했다.

우리가 이 질문을 계속 더 추상적으로 던져 나가다 보면 어떤 지점에서 우리는 철학적인 성격을 띠게 된다. 오늘날 우리가 과학적인 질문으로 간주하는 여러 물음들, 이를테면 천문학과 생물학에 관한 물음들은 한때 철학적인 질문으로 여겨졌던 것들이었다. 철학자 아리스토텔레스는 하늘의 천체나 동물의 신체 부위에 관한 책을 쓰는 것이 자신의 고유한 영역을 벗어나는 일이라고 생각하지 않았다. 하지만 오늘날의 경우, '철학'*이라는 용어는 가장 추상적인 영역의 질문들을 다루는 것으로 분류되고 있다. 이처럼 오늘날 '철학'이라는 용어의 범주는 고대 세계에서의 의미와 다르지만, 고도로 추상적인 수준에 속한 질문들은 이 학문 분과의 시작부터 늘 우리 곁에 있어 왔다.

- **진동하는 끈**(Vibrating Strings): 이 우주에서 가장 작은 실체들을 나타내는 현대 이론의 개념.
- **철학**(Philosophy): 하나의 세계관을 해설하고 옹호하는 활동으로서, 고도로 추상적인 관점에서 이루어진다.

탈레스의 형이상학*적인 '물'

최초의 그리스 철학자였던 탈레스는 "모든 것은 물이다"라고 말한 것으로 유명하다. 우리처럼 현대의 주기율표가 없었던 그리스인들은 만물이 다음의 네 가지 원소들로 구성되어 있다고 여겼다. 흙과 공기, 불과 물이 바로 그것이다. 이렇게 생각했던 그들에게 '이 세상이 무엇으로 이루어져 있는가' 하는 질문은 다소 단순한 것이 되었다. 왜냐하면 오직 네 가지의 가능성만이 존재했기 때문이다. 우리는 탈레스가 그중에서 물을 선택한 이유를 알지 못한다. 하지만 우리는 그가 자신의 동료와 제자들을 상대로 논쟁하면서 '강과 호수, 바다에는 거대한 양의 물이 존재할 뿐 아니라, 물은 심지어 하늘에서 내려오기까지 한다'고 주장하는 모습을 상상해 볼 수 있다. 아마도 탈레스는 인간의 몸속에 들어 있는 물의 비율이 얼마나 높은지를 미처 알지 못했을 것이다. 다만 그는 이 사실과 우리가 물 없이 생존하는 것이 얼마나 어려운지를 충분히 관찰했을 수도 있다.

또 다른 철학자인 아낙시메네스는 모든 것이 공기로 이루어져 있다고 생각했다. 아마도 그는 탈레스에게 우리가 물 없이 생존할 수 있는 시간보다 공기 없이 버틸 수 있는 시간이 더 짧다고 응수했을 것이다. 그러고는 '우리를 둘러싼 하늘에 있는 저 막대

* **형이상학**(Metaphysics, 또는 존재론Ontology): 존재 전반을 연구하는 분야로서 이 우주의 가장 근본적인 본성을 살핀다.

한 양의 공기를 보라'고 지적했을지도 모른다.

　그런데 누군가는 이들 각 사람에게 이렇게 질문했을 수도 있다. "하지만 과연 **만물**이 당신의 이론에 들어맞는지를 어떻게 알수 있습니까?" 당시 탈레스에게는 달이나 별, 행성들 가운데 얼마나 많은 양의 물이 있는지를 판단할 방법이 전혀 없었다. (그리고 이 문제에 관해서는 지금도 여전히 논쟁이 지속되고 있다.) 심지어 이 지구와 하늘의 천체들이 모두 물로 이루어져 있다는 점을 입증한다 해도, 우리의 탐구가 거기에서 끝난다는 점을 어떻게 확신할수 있겠는가? 다시 말해 우리는 물이 진실로 하나의 '근본 원소'이며, 그것 역시 다른 구성 요소들로 이루어져 있지 않다는 점을 어떻게 확신할 수 있는가?

　아낙시만드로스는 대략 이들과 같은 세대에 속했던 또 다른 그리스 철학자로서 탈레스("만물은 물이다")나 아낙시메네스("만물은 공기이다")보다 더 겸허한 태도를 취했다. 그는 온 우주가 무엇으로 이루어져 있는지를 우리가 알아낼 수 없다고 주장했던 것이다. 그는 무한정자the indefinite인 '아페이론'apeiron[*]이 우주의 기본 요소라고 말하는 것을 최선으로 여겼다. 우리는 그 무한정자가 실제로 무엇인지를 알지 못하지만, 다른 모든 존재들이 어떤 방식으로든 그것으로부터 생성된다는 것이 그의 입장이었다.

　이 철학자들은 (아리스토텔레스가 '질료인'[*]으로 부른) 사물의 구

　　아페이론(Apeiron, 아낙시만드로스): 모든 실재의 근원이 되는, 한정되지 않은 물질.

성 요소에 관한 질문을 가장 추상적인 수준에서 제기했다. 그들은 만물을 구성하면서도 그것 자체는 다른 어떤 것으로도 구성되어 있지 않은 실체를 발견하기 원했다. 달리 말해, 그들은 '존재'being *를 규정하려 했다. 그것이 실제로 무엇이든 간에 '존재'는 이 우주에 있는 가장 근본적인 실재이다. 모든 사물은 곧 '존재'인 것이다. 그러므로 우리가 진정 우주에 관하여 완전한 지식을 얻기 위해서는 이 '존재'가 무엇인지를 설명하고, 더 나아가 규정할 수 있어야만 한다. 가장 이른 시기의 그리스 사상가들은 우리가 물질적인 관점에서 이 사안에 접근할 수 있다고 믿었다. 그들은 이 우주를 가득 채우고 있는 물리적인 기본 요소들이 무엇인지를 숙고함으로써 이 문제를 다룰 수 있다고 보았다. 만일 탈레스의 생각처럼 모든 사물이 정말로 물이라면, 존재 자체는 물이며 물은 곧 존재인 것이 된다.

하지만 여기서 또 다른 문제가 생겨난다. 이는 곧 탈레스의 '존재 자체인 물'being-water 은 실제의 물이 아니라는 문제이다. 그의 '물'은 우리가 "형이상학적인 물"metaphysical water *이라고 부를 법한 실

- **질료인**(Material Cause, 아리스토텔레스): 어떤 사물을 구성하는 재료. **형상인**, **목적인**, **작용인***과 함께 제시된다.
- **작용인**(Efficient Cause, 아리스토텔레스): 어떤 사물이 움직이는 이유에 관한 설명. **질료인**, **목적인**, **형상인**과 함께 제시된다.
- **존재**(Being): 모든 사물이 지닌 '있음'의 상태. 철학적 형이상학의 근본 주제이다.
- **형이상학적인 '물'**(Metaphysical Water, 탈레스): 물의 은유에 비추어 숙고해 본 존재 자체.

재이다.[1] 일반적으로 손을 씻을 때, 나는 손에 물을 적셔서 (어머니가 늘 일러주셨던 대로 비누칠을 하고) 씻은 후에 다시 손을 말린다. 이때 내 손은 축축하게 물에 젖어 있다가 내가 그 물기를 제거함에 따라 다시 마르게 된다. 그러나 탈레스의 '물'에 의거해서 살피자면 내 손은 결코 건조되지 않는다. 이는 비누와 수건 역시 '물'이며, 내 손을 따뜻하게 덥히고 남아 있는 습기를 증발시키는 햇빛 또한 '물'이기 때문이다. 이처럼 탈레스의 형이상학적인 '물'은 세상의 다른 어떤 것과도 구별되지 않는다. 그 '물'은 우리가 물에 결부시키는 익숙한 속성들을 지니고 있지 않으며, 다른 실재들과 구별되는 물의 특징들 역시 소유하고 있지 않기 때문이다.

그렇다면 그 '물'은 무엇인가? 탈레스의 형이상학적인 '물'은 존재 그 자체이며, 그 이상도 이하도 아니다. 실제로 이 '물'은 다른 어떤 종류의 존재와도 구별되지 않는데, 이는 비교할 수 있는 다른 존재들이 없기 때문이다. 다시 말해, 물은 존재에 대한 최상의 **묘사**라는 것이 탈레스의 이론에 관한 최선의 이해라고 할 수 있다. 곧 존재는 다른 어떤 것보다도 물과 더욱 닮았다는 것이며, 이때 우리는 형이상학적 물과 문자적인 물의 차이 역시 염두에 두어야만 한다. 하지만 앞서 살폈듯이 이런 주장에는 논란의 여지가 있다.

그러므로 이 세계의 구성 요소들에 관한 질문은 (추상적이며 철학적인 수준에서) 결국 존재에 관한 질문으로 압축된다. '이 세계는 **진정** 무엇인가?' 여기서 탈레스는 신적인 관점에서 이 세계를 조망하고자 했다. 곧 그는 "존재란 무엇인가?"라는 질문에 대한 궁극적인 답을 추구했던 것이다. 하지만 그는 자신의 질문에 제대로 답하지 못했음이 분명해 보인다. 그에 따르면 존재는 '물'을 닮은 무엇이지만, 이때 그 '물'은 문자적인 의미의 물이 아니다. 결국 탈레스에게 '물'은 이 세계의 궁극적인 성격을 나타내는 하나의 은유인 것이다. 그러나 그가 찾아내고자 했던 것은 정답이지 이러한 은유가 아니었다.

아리스토텔레스의 존재와 무[無]

위대한 철학자였던 아리스토텔레스는 네 가지 '원인'들을 서로 구분 지은 것으로 유명하다. 그중 '질료인'에 관해 논할 때 그는 보통 자신이 채택했던 상식적인 방식으로 설명했다. 곧 조각상은 돌로 만들어져 있으며, 탁자는 나무로, 케이크는 밀가루를 비롯한 여러 재료로 이루어져 있다는 것이다. 하지만 그 역시도 이 질문을 다음과 같이 추상적이며 철학적인 수준까지 끌어올리는 일을 피해 가지는 못했다. "그러면 **만물**은 무엇으로 이루어져 있는가?"

아리스토텔레스 역시 플라톤처럼 **질료**°와 **형상**°을 서로 구분했다. 상식적인 관점에서 돌은 조각상을 구성하는 재료, 곧 그것의 질료인이다. 그리고 조각가는 그 돌을 다듬어서 새로운 형상,

---

* **질료**(Matter): 질료인과 동일하며, 형상과 대조된다.
* **형상**(Form, 플라톤, 아리스토텔레스): 어떤 사물을 그것이 되게 만드는 성질. 질료와 대조된다.

이를테면 소크라테스의 형상을 만들어 낸다. 이때 그 사물은 더이상 단순한 돌에 그치지 않고, 소크라테스를 표현하는 하나의 조각상이 된다. 이처럼 조각상에 그 자체의 모습을 부여하며 목적을 지시하는 것(이 둘은 각각 '형상인'*과 '목적인'*이 된다)이 바로 형상이며[2], 질료는 그 조각상을 구성하는 재료이다.

그리고 돌 역시 여러 요소들로 구성되어 있으며, 여러 종류의 화학 물질들이 그 요소이다. 이처럼 각 수준에서 하나의 질료는 다시 또 다른 질료들로 이루어진다. 하지만 이런 분석은 어느 지점에서 그 한계에 도달하게 된다. 아리스토텔레스는 만물의 밑바탕에는 우주의 모든 것 가운데 공통적으로 존재하는 '질료'가 자리 잡고 있다고 믿었다. 그는 그것을 '제일 질료'prime matter*라고 불렀는데, 이는 다른 모든 질료와 형상들의 기저에 자리 잡고 있는 질료였다. 제일 질료는 궁극적인 형상의 **전달자**이다. 하지만 **제일** 질료가 되기 위해, 이 질료 자체는 아무 형상도 소유할 수 없었던 것이다.

여기서 한 가지 문제가 생겨난다. 위에서 살폈듯이 아리스토텔레스의 관점에서 어떤 사물을 그 자체의 모습이 되게 만드는 것은 바로 그것의 형상이다. 그러므로 형상이 없다면 그 사물은 어

- **형상인**(Formal Cause, 아리스토텔레스): 어떤 사물을 그것이 되게 만드는 형상. **질료인**, **목적인**, **작용인**과 함께 제시된다.
- **목적인**(Final Cause, 아리스토텔레스): 어떤 사물이 추구하는 목표. **질료인**, **형상인**, **작용인**과 함께 제시된다.
- **제일 질료**(Prime Matter): 모든 실재의 밑바탕에 존재하는 **질료**. 다른 질료들과는 달리 이 질료는 **형상**을 지니지 않는다.

떤 것도 되지 못한다. 그것은 곧 무無이며 존재하지 않는 것이 된다. 그렇다면 제일 질료의 경우에는 어떻게 보아야 할 것인가?

이때 우리는 제일 질료가 우주의 만물을 구성하는 기본 요소이므로, 그것은 가장 널리 퍼져 있는 유형의 존재라고 말하고 싶은 유혹을 받게 된다. 그 질료는 마치 탈레스의 형이상학적인 '물'처럼 다른 모든 사물의 핵심적인 본질이 된다는 것이다. 하지만 우리는 그런 유혹에 저항해야만 한다. 아리스토텔레스의 제일 질료는 절대로 존재가 될 수 없는데, 이는 그것이 아무 형상도 지니지 않기 때문이다. 아리스토텔레스의 관점에서 어떤 대상에게 존재를 부여하는 것은 오직 형상뿐이다. 그러나 제일 질료는 어떤 형상을 지니지 않으며, 다만 그 형상을 **전달할** 뿐이다. 그것은 모든 형상의 배후에 자리 잡고 있는 질료인 것이다. 이처럼 제일 질료는 형상을 지니지 않으므로 존재가 될 수 없다. 그것은 비존재 nonbeing 이며 무성 nothingness 일 뿐이다.

그리스 철학자들은 존재 전반을 파악하려는 열망을 지니고 있었다. 하지만 무언가를 이해하기 위해서는 그 존재가 다른 존재와 어떻게 대조되는지를 헤아려야 한다. 만일 파란색이 빨간색과 어떻게 다른지를 알지 못한다면, 우리는 파란색이 무엇인지를 알 길이 없다. 그러므로 존재가 비존재와 어떻게 다른지를 이해하지 못하는 한, 우리는 존재가 무엇인지를 헤아릴 수 없게 된다. 그리하여 탈레스와 아리스토텔레스를 비롯한 그리스 철학자들은 존재와 비존재 사이의 이해 가능한 차이점을 서술하는 데 실패했다.

탈레스의 형이상학적인 '물'은 만물 속에 자리 잡고 있는 특징이므로, 우리는 그 '물'과 '물'이 아닌 것 사이를 구분 지을 수 없게 된다. 그리고 이 점은 아리스토텔레스의 제일 질료 역시 마찬가지이다. 이 질료는 만물 속에 동등하게 자리 잡고 있는 특징이므로, 우리는 그것을 존재로도 혹은 비존재로도 묘사할 수 없게 된다. 한편으로 제일 질료는 만물을 구성하는 질료로서 가장 널리 퍼진 유형의 존재이다. 그러나 다른 한편으로 그것은 아예 존재가 되지 못하며 그저 비존재일 뿐인 것이다. 이처럼 존재와 비존재를 서로 구분 지을 수 없을 경우에 우리는 철학적인 진전을 보지 못한다. 이때 우리는 하나의 거대한 난관을 직면하게 된다. 곧 존재는 비존재로 이루어져 있는 듯이 보이며 그 역 또한 성립하기 때문에 결국 '존재'와 '비존재' 모두 의미 없는 진술이 되는 것이다.

파르메니데스는 이런 문제점을 어쩔 수 없이 받아들였다. 이로 인해 그는 온전히 존재로만 이루어져 있으며 비존재는 전혀 존재하지 않는 우주의 개념을 주창했던 것이다. 그는 자신의 생각에 비존재와 연관되는 것으로 여겨지는 모든 개념들을 자신의 체계 가운데서 제외했다. 변화와 생성, 파괴와 다원성plurality 등이 그런 개념이다. 그의 관점은 명확해 보였다. '존재하는 것은 있으며, 비존재는 없다.' 그러나 존재가 비존재와 대조될 수 없는 우주에서, 존재란 과연 무엇이겠는가? 그리고 비존재가 존재하지 않는다면, 변화나 생성, 파괴와 다원성이 '존재하지 않는다'는 말에는 무슨 의미가 있겠는가?

그러므로 그리스인들은 존재와 비존재를 이해하고 구분 짓기 위해 엄청난 노력을 쏟았지만, 결국 그 두 개념을 서로 거의 동일한 것, 따라서 상호 파괴적인 것으로 만드는 데 그치고 말았다. 이는 물론 일종의 철학적 자살 행위라고 할 수 있다.

원자론*

그리스 철학자들이 이 세계의 궁극적인 기본 요소를 발견하기 위해 사용했던 또 다른 방법론은 이 세계를 가장 작은 조각들로 쪼개어 보는 것이었다. 원자론자들은 자신들이 이 세계의 극미한 구성 요소들을 찾아낼 때 이 세상과 존재의 궁극적인 본성을 알게 될 것이라고 여겼다. 그러므로 데모크리토스와 에피쿠로스를 필두로 그들은 이 세계가 아주 작고 물질적인 실체들로 이루어져 있다고 상정했다. 이 실체들은 '원자'atom*로 불렸는데, 이는 '쪼갤 수 없는 것'을 의미했다. 이 원자들을 더 작게 쪼개는 일이 불가능했으므로, 이 원자들은 더 이상 작게 쪼개질 수 없었기 때문에 마땅히 이 세계의 궁극적인 구성 요소가 되어야 했다. 그리고 이 세계 안의 다른 모든 사물들은 이 실체들의 물질적인 속성과 운동들로

* **원자론**(Atomism, 데모크리토스, 에피쿠로스): 세계가 더 이상 나뉠 수 없는 물질적인 실체들로 이루어져 있다는 관점.
* **원자**(Atoms, 원자론): "쪼갤 수 없는 것." 이 세계를 구성하는 가장 작은 물질적인 요소.

우리는 모두 철학자입니다

부터 기인한다는 것이다.

데모크리토스의 관점에 따르면 이 원자들은 공간 안에서 단일한 방향으로 움직이고 있었다. 하지만 에피쿠로스는 이처럼 이 원자들이 모두 나란히 같은 방향으로 움직일 경우, 이것들이 서로 만나게 되지 않을 것임을 지적했다. 이 원자들이 서로 부딪혀서 더 큰 사물을 만들어내기 위해서는 이 원자들이 서로 만나는 일이 꼭 필요했기 때문에, 에피쿠로스는 원자들이 때때로 통상적인 경로에서 벗어나서 "방향을 전환"한다고 추론했다. 그에 따르면 이런 원자들의 방향 전환˚은 전혀 예측이 불가능하며[3] 실질적으로 비이성적이지만, 이런 원자들의 움직임이 우리가 살고 있는 이 세계의 존재를 설명한다. 이는 곧 이 세상이 "원래 그러하다"라고 답함으로써 철학적 탐구를 마무리 짓는 일과 마찬가지였다.

원자를 실제로 본 이는 아무도 없다. 원자들은 그저 이 세상을 완전히 잘게 쪼갰을 때 그 모습이 어떻게 보일지를 우리가 상상해 낸 이미지일 뿐이다. 이와 마찬가지로 원자들이 방향을 전환하는 모습을 본 사람 역시 아무도 없다. 이 일은 모든 사건의 구성요소에 관해 우리가 상상하는 바를 나타내는 은유일 뿐이다. 탈레스의 '물'이 존재를 나타내는 은유이듯이, 에피쿠로스의 원자들(그리고 그것들의 방향 전환)은 이 세상에서 일어나는 일들을 묘사

˚ **방향 전환**(Swerve, 에피쿠로스): 곧게 뻗은 궤도에서 벗어나는 원자들의 불규칙한 운동. 에피쿠로스의 관점에서는 이 개념이 사물들의 형성과 인간의 자유의지를 설명해 준다.

하기 위한 하나의 은유이다.[4]

정신과 유사한 실체들

하지만 원자론은 사라지지 않았다. G. W. 라이프니츠는 17세기와 18세기에 존재했던 합리주의* 철학 운동의 일원이었으며, 이전에 탈레스와 아리스토텔레스가 맞닥뜨린 것과 비슷한 문제에 직면하고 있었다.[5] 과거의 그리스 철학자들과 마찬가지로 라이프니츠 역시 실재의 궁극적인 구성 요소들을 찾아내려고 시도했다. 하지만 그리스 철학자들에게도 그러했듯이, 라이프니츠에게도 질료인들은 파악하기가 쉽지 않은 대상이었다. 철학자 존 로크에 따르면 물질적인 실재들을 정확히 이해하는 것은 불가능한 일이었다. 그 실재들은 곧 "내가 알지 못하는 무언가"something, I know not what였던 것이다. 이런 로크의 견해를 좇아 철학자 조지 버클리는 물질이 존재하지 않는다고 주장했다. 그런데 이처럼 물질적인 실재들에 관해 아는 일이 불가능하다면 애초에 우리가 어떤 종류의 지식을 얻는 일이 어떻게 가능하겠는가?

　라이프니츠는 우리가 만일 데모크리토스의 본보기를 좇아 실재를 가능한 한 작은 조각들로 쪼갠다면 마침내는 이 세계의 궁극적인 구성 요소들을 만나게 되리라고 추론했다. 하지만 이 구성 요소는 전혀 물질일 수가 없었다. 17세기의 정의에 따르자면 물질

---

* **합리주의**(Rationalism): (감각 경험과 대립하는) 인간의 이성이 지식의 기초가 된다는 신념.

은 곧 "연장"extension, 공간 속에 위치하며 그것의 일정한 부분을 차지하는 물체의 성질 – 옮긴이 을 지닌 것이었다. 그리고 더 넓은 공간으로 연장되는 무언가는 더 작은 조각들로 쪼개질 수 있기 마련이다. 라이프니츠는 이 쪼개짐의 운동이 무한정 지속될 수는 없다는 데모크리토스의 입장에 동의했다. 결국에는 실재의 가장 작은 조각이 있어야만 했던 것이다.[6] 그런데 이 조각이 그보다 더 작은 무언가로 쪼개질 수 없다면, 우리는 그것을 무엇이라 불러야 할까?

이처럼 17세기의 사상가들과 그리스 철학자들 사이에는 한 가지 공통점이 있었다. 그들은 모두 이 세상의 궁극적인 구성 요소에 관한 질문에 대해 제시할 수 있는 대답의 수를 제한했던 것이다. 그리스 철학자들에게 그 가능한 대답은 네 가지, 곧 흙과 공기와 불과 물이었다. 그리고 17세기 사상가들의 경우에는 물질과 정신, 두 가지였다. 이로 인해 라이프니츠가 던진 질문은 좀 더 답하기 쉬운 것이 되었다. 실재의 가장 작은 조각은 더 이상 쪼개질 수 없기 때문에 그 조각은 연장을 지니지 않으며, 따라서 그것은 물질이 될 수 없었다. 그렇다면 그 조각은 무엇이어야 하겠는가? 물론 그 답은 '정신'이 될 것이다.

그리하여 라이프니츠는 이 세계가 작은 정신들로 이루어져 있다는 이론을 발전시켰다. 그는 이 정신들을 '모나드'monad*로 불렀으며, 그에 따르면 모든 사물이 정신으로 가득 차 있다. 인간들

* **모나드**(Monads, 라이프니츠): 정신과 유사한 실체. 실재의 궁극적인 구성 요소로 간주된다.

뿐 아니라 모든 신체의 각 부분 안에도 그 정신이 가득 담겨 있는 것이다. 동물과 식물, 심지어는 생명력이 없는 사물들 안에도 정신이 가득하다. 이런 존재들의 경우에는 그 정신들이 다소 미숙한 성격을 지니기는 하지만 그것들이 정신인 것은 분명하다. 그러므로 라이프니츠는 모든 것이 정신이라고 믿었던 '범심론자'panpsychist였다. 이런 범심론*의 측면에서 A. N. 화이트헤드와 찰스 하트숀 같은 20세기의 과정철학자들이 라이프니츠의 뒤를 따랐다.

그러나 이 작은 정신들 역시 탈레스의 형이상학적인 '물'과 비슷하다. 곧 그것들은 진정한 정신이 아닌 것이다. 진정한 정신을 지닌 존재들은 추론을 수행하고 다른 정신적인 존재들과 의사를 소통하며, 자신들의 지식과 언어와 기술을 발전시킨다. 진정한 정신을 지닌 존재들은 각기 다른 정신적인 존재들에게 의존하고 있다. 그리고 정신적인 존재들은 다른 존재들에게서 무언가를 배워 습득하며 자신의 지식을 늘려 나가는 모습을 보인다. 이런 의미의 '정신'은 곧 변화하는 존재인 것이다. 그러나 라이프니츠는 이같이 변화하는 존재들의 무리를 형이상학적인 제일 원소로 받아들일 수가 없었다. 그가 '이 우주의 궁극적인 구성 요소들'을 파악해내려 했던 궁극적인 이유는 변화가 왜 존재하는지를 **설명하려는** 데 있었다. 그렇기 때문에 이 궁극적인 요소들 자체가 변화해서는 안 되었던 것이다. 만약 그 요소들이 변화한다면 그것들은

---

* **범심론**(Panpsychism, 라이프니츠, 과정철학): 모든 것을 정신으로 여기는 견해.

궁극적인 실체가 될 수 없었다. 이 경우에는 오히려 그 요소들 자체가 그 속에 존재하는 다른 존재들, 곧 그러한 변화를 불러일으킨 존재들에 의해 설명되어야만 했다.

라이프니츠의 '정신과 유사한 실체'들은 정신에 대한 최소한의 개념에 의존하고 있다. 이는 그 실체들이 정신의 고유한 특징을 모두 지니고 있음에도 불구하고 아무 일도 행할 수 없다는 개념이다. 모나드는 다른 모나드들과 의사를 소통할 수 없으며, 다른 모나드들에게 영향을 끼칠 수도 없다. 모나드가 어떤 것을 생각하는 이유는 신이 그 모나드 안에 그런 생각을 심어 주기 때문이다. 하지만 이 경우, 우주의 궁극적인 원인은 모나드의 집합이 아니라 신 자신이 된다.

그러므로 탈레스의 '물'이 본질적으로 우리가 경험하는 세계에 대한 은유이듯이, 라이프니츠의 '모나드' 역시 하나의 은유이다. 그는 이 세계를 마치 생각하는 존재들로 이루어진 하나의 공동체처럼 여길 것을 우리에게 권유한다. 하지만 이 같은 은유가 문자적으로 참된 것이 되기는 불가능하다.

원자론과 현대 사상

현대 사상가들은 여러 형태로 우주의 궁극적인 구성 요소들에 대한 원자론적인 탐구를 이어가고 있다. 나는 앞서 과정철학의 범심론을 언급한 바 있다. 또한 20세기 초반에는 버트란드 러셀과 루트비히 비트겐슈타인의 '논리적 원자론'˝이 존재했다. 20세기의 많은 사상가들이 그러했듯이, 이들 역시 철학의 부진을 개선하는 방편은 언어에 더 긴밀한 관심을 쏟는 데 있다고 생각했다. 우리가 철학적 지식에 이르지 못하게 막는 장벽은 곧 명료성의 결여와 오해에 있다고 여겼던 것이다. 또한 그들은 비트겐슈타인의 표현대로 "내 언어의 한계는 곧 내 세계의 한계이다"라고 믿었다. 세계란 무엇인가? 이들에 따르면 '언어로 표현될 수 있는 영역'이 바로 그 세계였던 것이다. 그러므로 그들은 언어의 본질을 이해함으로써 이 세계의 본질을 파악할 수 있다고 보았다.

이 세대의 철학자들은 비트겐슈타인을 좇아 세계는 사물*들이 아닌 사실*들의 총체라고 믿었다. 사물은 한 권의 책이나 물병, 원자처럼 하나의 대상이다. 이에 반해 사실은 "탁자 위에 한 권의 책이 있다"에서 나타나는 바와 같이, 어떤 일의 상태를 의미한다. 언어에서 사물은 명사들을 통해 표현되며, 사실들은 절과 문장들을 통해 전달된다. 그러므로 이 철학자들은 '우주의 궁극적인 구성 요소'를 탐구할 때 궁극적인 사물이 아닌 궁극적인 사실들을 찾아내고자 했다. 이 점에서 이들은 이전의 철학자들과는 달라진

- **논리적 원자론**(Logical Atomism): 버트란드 러셀과 루트비히 비트겐슈타인이 주장한 견해. 이 우주의 사실들은 '원자 사실'들로 이루어져 있으며, 명제적인 지식들은 '원자 명제'들로 구성되어 있다는 관점이다.
- **사물**(Things, 러셀, 비트겐슈타인): 절과 문장보다는 명사와 대명사들에 의해 지칭되는 대상들. 사실과 대조된다.
- **사실**(Facts, 러셀, 비트겐슈타인): 어떤 일의 상태. 명사보다는 절과 문장들에 의해 지칭된다.

모습을 보였다. 이런 차이점은 어떤 맥락에서 중요한 의미를 지니지만 이곳에서는 그 내용을 자세히 다루지 않으려 한다. 다만 나는 여기서 우주의 구성 요소에 관한 탐구에서 관심사가 전환되었음을 설명할 뿐이다. 곧 궁극적인 **사물들**을 찾아내려던 데에서 궁극적인 **사실들**을 찾아내려는 쪽으로 그 초점이 바뀌었던 것이다.

그러므로 이 세계의 궁극적인 구성 요소, 곧 인간이 경험하는 더 큰 범위의 사실들을 구성하는 궁극적인 사실들(러셀과 비트겐슈타인은 이것을 '원자 사실'atomic facts *이라고 부른다)을 찾고자 할 때, 우리는 어떤 이가 언어를 사용해서 표현할 수 있는 궁극적인 진술('원자 진술'atomic statements)이 어떤 것들인지를 질문해야 한다. 러셀과 비트겐슈타인에 따르면 "빨강"이나 "지금"처럼 기본적인 감각 경험을 단순하게 보고하는 말들이 바로 그 원자 진술이다. 그들은 경험론의 전통을 좇아서 인간의 지식이 이 같은 기본 감각의 경험 위에 세워진다고 보았다. 그러므로 데모크리토스가 스스로 원자적인 입자들을 발견했다고 여겼듯이 이들은 자신들이 원자 사실들을 찾아냈다고 믿었던 것이다.

그러나 이것은 형이상학적인 '물'에 해당하는 또 다른 사례이다. "빨강"이라는 말이 홀로 고립된 상태에 있을 때, 그것은 아무

- **원자 사실**(Atomic Facts, 러셀, 비트겐슈타인): 사실적인 우주의 가장 작은 구성 요소. 원자 문장*에 의해 지칭된다.
- **원자 문장**(Atomic Sentences, 러셀, 비트겐슈타인) 또는 원자 진술: 언어의 가장 작은 구성 요소. 원자 사실을 지칭한다.

것도 의미하지 않는다. 실제로 우리가 "빨강"의 의미를 이해하는 것은 순간적인 감각에 의해서가 아니라, 평생 동안 우리 자신이 속한 언어와 문화권에서 제시하는 구분법대로 그 색깔들을 식별해 온 결과에 의해서이다. (동일한 범위의 색깔이어도 문화에 따라 서로 다르게 색의 범위를 구분한다.) 탈레스의 '물'은 우리의 풍성한 경험들을 나타내는 하나의 은유였다. 이처럼 논리적 원자론자들이 제시하는 '빨강' 역시, 그로부터 붉은색에 대한 모든 지식이 유래하는 경험의 근본 요소가 아니다. 오히려 그 '빨강'을 이해하기 위해서는 우리가 이미 습득한 지식들이 요구된다. 논리적인 원자들은 모든 지식의 토대가 아니다. 오히려 우리가 다른 출처들을 통해 이미 얻은 지식이 없이는 그런 원자들에 관해 이야기하는 것조차 불가능하다. 러셀의 이론이 주장하는 바는 '부분과 조각들의 모음'이라는 은유에 비추어 우리의 경험을 살피라는 것이다. 하지만 우리가 경험하는 세계를 '정신'이나 '물'에 비추어 숙고하는 대신에 굳이 그 은유를 택해야 할 이유는 또 무엇인가?

이 원자론적인 탐구는 현대 과학에서도 지속되고 있으며, 과학자들은 계속 더 작은 아원자 입자들을 찾아내려 한다. 하지만 나는 다시 묻고 싶다. 그 '진동하는 초끈' vibrating superstrings 들은 과연 무엇으로 이루어져 있는가? 만일 내가 (발전된 도구들을 가지고서) 그 끈들 중 하나를 둘로 쪼개려 한다면 어떤 일이 일어나겠는가? 어떤 경우든 철학적 원자론자들이 실패한 작업, 곧 실재의 궁극적인 구성 요소인 그 입자들을 찾아내는 데에 현대 과학이 성공을 거둘 수 있겠는가? 어떤 이들은 자신이 그 입자를 찾아냈다고 주장하지만, 실은 우리가 보편적으로 경험하는 실재의 다양한 모습을 나타내는 하나의 은유를 발견해냈을 뿐인 것은 아닌가?

현대 과학은 또한 아원자 세계의 신비에 직면하고 있다. 광자들을 벽에 난 구멍들에 비추었을 때 그것들이 보이는 변칙적인 움직임이나 한 입자와 멀리 떨어진 다른 입자 사이의 기이한 연결 고리, 양자 역학의 일부 흐름에서 제시되는 입자들의 외관상 불규칙한 운동, 이 세계에 있는 대부분의 물질과 에너지가 아직 과학적 탐구의 빛 아래 드러나지 않은 채로 "어둠" 속에 묻혀 있다는 두려운 전망 등이 그것이다. 어쩌면 과학적 조작주의자들scientific operationalist,과학적 개념은 그 개념을 측정한 구체적인 절차나 정신적 조작에 의하여 규정되어야 한다고 여긴 이들—옮긴이이 제안했듯이, 일부 입자들은 연구실의 실험에서 관찰되는 '계기판의 측정값'을 나타내는 은유로 이해되는 편이 낫지 않은가? 어쩌면 이 우주는 궁극적인 조각들의 모음이 전혀 아니며, 따라서 우리가 그 조각들을 결코 발견해낼 수 없는 것은 아닌가?

전체론*

위에서 살폈듯이 우주의 근본 요소에 대한 궁극적인 탐구는 종종

---

* **전체론**(Holism, 파르메니데스, 스피노자, 헤겔): 진리는 실재의 어느 한 부분이 아닌 오직 그 전체에서만 발견될 수 있다는 관점.

실패로 끝났다. 이는 그 사상가들에 의해 제안된 요소들이 우리가 경험하는 온 우주에 대한 하나의 은유로밖에 이해될 수 없는 것들이었기 때문이다. 원자나 모나드, 초끈을 실제로 본 사람은 아무도 없다. 만약 우리가 그런 것들의 존재를 확언한다면, 이는 이 같은 요소들이 우리의 보편적인 지식을 부분적으로 반영한다고 여기기 때문일 것이다. 여기서 이 보편적인 지식은 더욱 근본적인 지식이다. 그러므로 '만물은 물이다'라는 진술이 유효하게 여겨지는 것은 오직 그 진술이 '이 우주는 물을 닮은 성격이 있다'라는 식의 의미로 해석될 때뿐이다.

따라서 어떤 철학자들은 입자에 대한 탐구를 포기했다. 이는 어떤 작은 입자가 설령 정신과 유사한 것일지라도 우리가 거주하는 이 세계의 다양한 모습을 다 설명할 수는 없음을 인정한 것이었다. 입자들은 이 세상의 나머지 부분들이 어떠한 모습인지를 드러낼 뿐, 결코 이를 설명하지 않는다. 세상은 그저 그 자체의 모습으로 존재한다. 우리는 여러 은유들에 비추어 그 세상을 숙고할 수 있으며, 그런 은유들 중 일부는 우리에게 영감과 깨달음을 줄 수 있다. 하지만 그 은유들 가운데서 문자적으로 참된 것은 하나도 없다. 만약 미세한 입자들이 존재할지라도 그 입자들은 이 세상의 존재를 오직 부분적으로만 설명해 줄 뿐이다. 하나의 입자는 필연적으로 그 입자보다 훨씬 큰 무언가의 일부분을 이룬다. 그러므로 전체론자들에 의하면 이 세계를 이해하기 위해서는 그런 입자들에 관한 지식보다 훨씬 더 많은 것이 요구된다.

이에 따라 철학자들은 우주에 대한 더욱 포괄적인 지식을 제시하기 위해 또 다른 대안들을 내놓았다. 일부 비원자론적인 철학자들은 이 세계를 하나의 전체, 곧 그 안의 모든 요소들이 서로 연결되어 있는 하나의 전체로 여기는 것이 더욱 바람직하다고 주장한다. 예를 들어 파르메니데스나 스피노자, 헤겔은 우리가 어떤 사물과 다른 사물들 사이의 관계, 그리고 마침내는 그 사물과 실재 전체의 관계를 이해하기 전까지는 (가장 작은 입자의 경우에도) 그 사물을 온전히 파악할 수 없다고 역설했다. 그러므로 "이 세계는 무엇으로 이루어져 있나요?"라는 질문은 답하기가 불가능하든지, 또는 오직 온 세계에 대한 포괄적인 지식에 근거해서만 대답될 수 있는 질문이다. 우리가 앞서 살폈듯이 탈레스의 '물'은 결국 실재 전체를 나타내는 하나의 은유일 뿐이었다. 그러므로 우리가 입자들을 찾아내려 했던 이들 가운데서 발견했던 문제점은 어쩌면 이 전체론을 통해 해결될 수 있을지도 모른다.

하지만 전체론은 원자론의 경우와 유사한 문제점들을 지닌다. 그 내용이 상당히 수정되지 않는 한, 전체론의 주장은 곧 '우리가 모든 것을 알지 않고서는 어떤 것도 알 수 없다'we cannot know anything without knowing everything는 것이다. 이 경우에 유일하게 참된 지식은 신이 이 세계를 아는 지식뿐이다. 그러므로 우리가 참된 지식을 지닌다고 주장할 경우, 우리는 곧 자신이 신이라고 주장하는 셈이 된다. 물론 이는 교만의 극치로 여겨진다.

대개의 경우, 전체론적인 철학자들은 이같이 교만한 주장을 드러내놓고 제시하지는 않는다. 그들은 우리가 유한하고 오류에 빠지기 쉬운 지성을 사용해서 이 세계에 관해 숙고해야만 한다는 것을 인식하고 있다. 하지만 그들은 우리의 지식이 신이 지닌 지식처럼 완전하지 못할 경우에 큰 결함이 있다고 믿는다. 그리고 우리가 '전체'를 지식의 이상ideal으로 간주할 때, 그 '전체'는 우리가 더 직접적으로 알고 있는 사물들, 곧 그 '전체'의 구성 요소들에 근거해서 규정되어야만 한다. 그러므로 이 원리는 양방향으로 적용된다. 곧 전체를 아는 일이 없이는 그 부분들(또는 입자들)을 아는 일이 불가능하며, 반대로 그 부분들을 알지 못하고는 전체를 알 수가 없는 것이다. 그렇지 않고 우리가 어떤 한 부분이나 입자를 통해 전체를 파악하려 할 때에나, 전체를 통해 그 부분들을 파악하려 할 때에는 실패하게 된다.

우리는 자신의 스마트폰을 분해하여 그 모든 부품을 탁자 위에 펼쳐 놓음으로써 그 기계에 관해 많은 것을 배울 수 있다. 하지만 어느 한 부품이 그 스마트폰의 작동 과정에서 어떤 일을 수행하는지를 알게 되기 전까지, 우리는 그 부품의 구체적인 용도를 파악할 수는 없다. 이처럼 우리는 전체를 알지 않고서는 그 부분들을 이해할 수가 없으며, 또 그 부분들을 파악하지 않고서는 전체를 헤아릴 수가 없다.

전체론자들은 대개 자신들을 합리주의자로, 곧 이성의 능력을 옹호하는 이로 내세운다. 하지만 그들은 또한 우리가 이 세상에 대한 신적인 지식을 지니고 있지 않으므로 우리는 그 세상을 전혀 알지 못한다고 믿는다. 이것은 곧 회의주의이다.

따라서 우리는 인간이 이 세계에 대해 완전한 지식을 얻는 것은 불가능하다고 결론지어야 한다. 그 이유는 우리의 지능지수가 너무 낮거나 과학의 발전이 불충분하기 때문이 아니다. 오히려 그 이유는, 우리가 이 탐구를 더 심화시켜 나갈수록 그 목적을 이루는 것이 더욱 어려워진다는 점에 있다. 우리가 이 세계를 구성하는 입자들을 알아내는 데 얼마간 진전을 이룰 때, 이 세계 전체를 이해하는 일이 없이는 이 입자들을 제대로 파악할 수 없다는 점을 발견하게 된다. 또 우리가 이 세계 전체를 이해하는 데 진전을 거둘 때, 그 부분들을 파악하는 일이 없이는 그 전체도 헤아릴 수 없다는 점을 깨닫게 된다. 각 부분들은 그 전체에 대한 지식을 오류 없이 가져다주는 열쇠가 아니며, 이는 그 반대의 경우도 마찬가지이다. 전체를 염두에 두지 않고서 어느 한 부분을 알아내려 하거나, 부분들을 염두에 두지 않고서 전체를 알아내려 하는 것은 모두 실패할 수밖에 없는 철학적 전략이다.

범신론*

그런데 일부 철학자들이 취하는 또 다른 견해가 있다. 스피노자와 헤겔처럼 신은 전체이며 전체는 신이라고 여길 경우, 전체를 아

---

* **범신론**(Pantheism): 만물은 신이며 신은 곧 만물이라고 여기는 견해.

는 것은 곧 신을 아는 것이 된다. 이런 입장은 **범신론**("만물은 신이다")으로 불리며, 이는 현대의 과정철학에서 주창하는 **범재신론**˚("만물은 신 **안에** 있다")과 유사한 성격을 지닌다. 이 사상가들은 철학적 탐구가 신을 향한 추구라는 사실을 정확히 간파했다. 그리고 많은 철학자들의 경우, 그것은 신적인 지식을 향한 탐구였다. 이는 곧 철저하고 포괄적이며 완전하고 오류가 없는 지식을 추구하는 일이었다.

만약 신이 실제로 존재하며 우리에게 진리를 들려줄 수 있다는 점을 전제할 수 있다면, 이런 탐구의 과정은 유익한 열매를 맺게 될 것이다. 그러나 범신론의 신은 형이상학적인 '물' 이상의 존재가 아닌 경우가 너무 많다. '신은 이 세계이다'라는 말은 곧 '만물은 신이다'라는 것과 동일하며, 이는 탈레스가 '만물은 물이다'라고 말한 의미와 유사하다. 하지만 탈레스의 물이 진정한 물이 아니듯이 스피노자의 신 역시 진정한 신이 아닌 것이다. 이런 체계들 가운데서 '신'은 하나의 매혹적인 은유, 곧 유한한 실재에 관해 숙고하는 하나의 방식일 뿐이다. 어떤 이들은 눈부신 경치를 바라보는 가운데서 그 모습을 '신적인' 광경으로 여기며 낭만적인 황홀경에 빠지곤 한다. 그러나 이러한 신성은 무엇인가? 탈레스의 '물'이 곧 세계이듯, 이 신 또는 신성 역시 세계 자체인 것이다. 탈레스의 경우와 마찬가지로, 이 경우에 '신'은 기껏해야 암시적인

˚ **범재신론**(Panentheism): 만물이 신 안에 있다고 여기는 견해. 이 세계를 곧 신의 존재를 구성하는 하나의 요소로 간주한다.

　우리는 모두 철학자입니다

은유가 될 뿐이다. 곧 그것들 자체로는 아무런 신성의 증거를 나타내지 않는 사물들에 관해 묘사하는 하나의 방식에 그치고 만다.

참되신 하나님

성경에서는 이 같은 원자론과 전체론의 견해에 맞서는 대안적인 관점을 제시한다. 이는 비기독교적인 철학의 역사에서 소홀히 여겨져 온 관점이다. 하나님은 진실로 존재하지만 그분은 이 세계가 아니며, 이 세계 역시 그분이 아니다. 그분은 인격적인 하나님이시며, 아리스토텔레스나 스피노자, 헤겔의 사상에서 언급되는 비인격적인 존재가 아니다. 그분은 창조주이시며 이 세상은 그분의 피조물이다. 따라서 자연 세계를 경배하는 것은 하나님께 드리는 경배와 다르다. 이는 창조주를 대신하여 피조물을 숭배하는 일이며(롬 1:25)[7], 성경에서 우상숭배라고 정의하는 일이다.

　우리는 이 세계를 철저히 다 파악할 수가 없다. 오직 하나님만이 그런 지식을 소유하고 계신다. 우리는 가능한 한 가장 작은 입자들을 찾아내는 일을 통해서나, 실재 전체의 모습을 추론하는 일을 통해서는 그분이 갖고 계신 지식을 습득할 수 없다. 하나님이 지으신 이 세계는 원자론이나 전체론으로서는 알 수 없으며, 신자에게는 신비로서 나타난다. 하나님이 세상을 이같이 창조하셨기에 우리가 이 세상을 이해하기 위해서는 그분께 의존할 수밖에 없다.

하나님은 그분의 지혜로써 인간적인 철학이 지닌 고르디우스의 매듭(인간의 힘으로 풀기 어려운 복잡한 문제를 가리키는 표현—옮긴이)을 끊으신다. 우리는 어떤 인간의 사유 체계로도 조화시킬 수 없었던 일들을 그분이 하나로 결합시키신다고 말할 수 있다. 그분은 세 위격으로 존재하시는 한 분 하나님, 곧 삼위일체 또는 삼위의 단일체Tri-unity이시다. 그리고 하나님은 이 세상 또한 자신의 모습을 따라 하나인 동시에 여럿one and many으로 지으셨다. 그러므로 입자들은 여럿이면서도 하나의 단일체로 결합되어 있다. 입자들은 그 단일체로부터 분리되지 않으며, 그 단일체가 없이는 우리가 입자들을 파악할 수 없다. 그리고 그것을 구성하고 있는 입자들을 알지 못하고서는 그 단일체 역시 알 수 없다.

다시 말해, 오직 하나님만이 이 우주의 부분들이 어떠하며 그 부분들이 전체와 어떻게 연결되어 있는지를 철저하고도 포괄적인 방식으로 알고 계신다. 따라서 우리가 이 세상이 어떤 곳인지를 알기 원한다면 겸손한 마음으로 그분 앞에 나아와야만 한다. 우리는 이를테면 초콜릿의 분자 구조에 관해 적절한 판단을 내릴 수 있다. 이는 하나님이 그분의 은혜로써 이 창조 세계의 많은 부분을 우리 앞에 펼쳐 놓으셔서 그것을 탐구할 수 있게 하셨기 때문이다. 하지만 우리는 탈레스와 아리스토텔레스가 알아내려 했던 것, 곧 이 우주의 궁극적인 구성 요소를 알아낼 수는 없다. 그것을 알 수 있는 분은 하나님뿐이기 때문이다. 우리 자신의 지성에 근거해서 이 우주를 철저히 파악하려 할 때, 우리는 자신이 하나님의 지식과 동일한 지식을 소유할 수 있다고 주장하는 셈이 된다. 이것은 곧 우상숭배이다.

하나님이 이 세상에 관해 소유하시는 지식의 독특성을 이해하는 것은 우리가 삼위일체 교리에 접근하기 위한 하나의 방편이 된다. 위에서 지적했듯이 이 세계는 하나이자 여럿으로 존재하며, 이는 하나님이 그분 자신을 닮은 방식으로 세상을 창조하셨기 때문이다. 하나님은 영원히 한 분이시면서 여러 위격으로 존재하고 계신다. 때로 삼위일체는 추상적이고 비현실적인 교리로 간주되며, 심지어 이 교리를 고백하는 그리스도인들조차 그런 생각을 품곤 한다. 삼위일체 교리가 필요한 이유는 무엇인가? 서양 철학의 역사 전반을 살핀 이 장의 여정은 그 질문에 대한 여러 대답 중 하나를 제공한다. 이는 곧 인류가 여러 세기에 걸쳐 파악하려 애써왔던 문제에 대한 답이 성경의 삼위일체적인(여럿) 단일신론(하나) 안에 주어져 있다는 사실이다.

이처럼 하나님은 인간에게 지식을 허락하시지만, 그 지식을 얻기 위해서는 먼저 그분의 말씀에 귀 기울이는 것으로 시작해야 한다(잠 1:7). 우리의 생각이 하나님의 계시에 근거할 때, 우리는 이 세상을 알아나갈 수 있다. 이 계시는 창조 세계 속에서 발견되는 동시에 성경 안에서도 찾아볼 수 있다.[8] 또한 우리는 자신의 한계를 인정해야 한다. 곧 실재에 대한 신적인 지식을 얻는 일이 아니라, 하나님이 우리 각 사람에게 맡기신 소명을 수행하기에 충분한 인간적인 지식을 얻는 일이 우리의 목표가 되어야 한다.

그렇다면 이 세계의 궁극적인 구성 요소는 무엇일까? 그런 것은 없다. 실재 전체를 포함해서 각 실체들이 자신의 모습대로 존재하는 이유는 다른 실체들의 존재 때문이다. 전체와 그 부분들은 서로의 관계 속에 존재하는데, 이는 하나님이 자신을 닮은 방식대로 이 세계를 지으셨기 때문이다. 각 구성 요소들은 다른 모든 요소들과의 관계 속에 존재하며, 그 요소들에 대한 엄밀한 정의는 오직 하나님의 마음속에만 자리 잡고 있다.

그러므로 우리가 하나님을 알지 못하고서는 이 세상이 어떠한지를 알 수가 없다. "이 세계의 기본 구조는 무엇입니까?"라는 질문에 대한 최선의 답은 다음과 같다. "이 세계는 하나님의 피조물로서, 그분을 영화롭게 하려는 우리의 목적을 수행하기에 적합한 곳입니다."

1 ··· '형이상학적인 물'과 '실제의 물'을 구분하고, 이 용어들에 근거해서 탈레스의 철학적 제안을 설명해 보라.

2 ··· "이때 우리는 하나의 거대한 난관을 직면하게 된다. 곧 존재는 비존재로 이루어져 있는 듯이 보이며 그 역 또한 성립하기 때문에 결국 '존재'와 '비존재' 모두 의미 없는 진술이 되는 것이다. 아리스토텔레스의 철학이 이런 난관에 부딪히게 되는 이유는 무엇인가?

3 ··· "그리스인들은 존재와 비존재를 이해하고 구분 짓기 위해 엄청난 노력을 쏟았지만, 결국 그 두 개념을 서로 거의 동일한 것, 따라서 상호 파괴적인 것으로 만드는 데 그치고 말았다." 이 진술의 내용을 설명하고 평가해 보라.

4 ··· 프레임에 의하면 철학은 다른 학문들과 달리 한 세대에서 그다음 세대로 이어지는 가운데 참된 진전을 보이지 않는다고 한다. 그가 이렇게 생각하는 이유는 무엇인가? 그의 견해를 평가해 보라.

5 ··· 어떤 이들이 언어를 이해함으로써 이 세계를 파악할 수 있다고 여기는 이유는 무엇인가? 이 사유의 과정을 평가해 보라.

6 ··· "논리적인 원자들은 모든 지식의 토대가 아니다. 오히려 우리가 다른 출처들을 통해 이미 얻은 지식이 없이는 그런 원자들에 관해 이야기하는 것조차 불가능하다." 이 진술의 내용을 설명하고 평가해 보라.

7 ··· "어쩌면 이 우주는 궁극적인 조각들의 모음이 전혀 아니며, 따라서 우리가

그 조각들을 결코 발견해낼 수 없는 것은 아닌가?" 이런 가능성을 시사하는
자료로는 어떤 것들이 있는가? 그 내용을 평가해 보라.

8 ··· "우리가 참된 지식을 지닌다고 주장할 경우, 우리는 곧 자신이 신이라고 주
장하는 셈이 된다." 이렇게 주장하는 이는 누구이며, 그들이 내세우는 근거
는 무엇인가? 이런 입장에 대해 응답해 보라. 프레임이 전체론은 회의주의
로 변질한다고 지적하는 이유는 무엇인가?

9 ··· 프레임은 "이 세계의 기본 구조는 무엇인가?"라는 질문에 어떻게 답하고 있
는가? 그 대답의 내용을 설명하고 평가해 보라.

2. 나에게는 자유의지가 있는가

철학자들은 자연 세계뿐 아니라 인간의 본성도 탐구하기 때문에 형이상학과 더불어 인간학* 역시 철학의 분과에 포함된다. 사람들이 자신에 관해 종종 던지는 철학적 질문 중 하나는 바로 이것이다. "나는 자유로운가, 아니면 내가 하는 일을 행하도록 강제되는 것인가?"Am I free, or am I forced to do what I do? 이것은 자유의지, 자유 선택, 자유로운 행위, 또는 쉽게 말해 자유에 관한 문제이다.

우리가 **항상** 자유롭지만은 않다는 것은 분명하다. "자유로운" 이라는 용어는 우리가 겪는 일부 경험과 다른 경험들을 서로 대조시키는 역할을 한다. 만일 우리가 어떤 방 안에 갇혀 있다면, 우리는 다른 곳으로 갈 수 있는 자유를 제약받는다. 그리고 누군가가 그 문을 열어 줄 때, 우리는 이전에 누리지 못했던 자유를 얻게 된

---

* **인간학**(Anthropology): 인간 본성에 관한 연구.

다. 또 만일 우리가 사슬에 묶여 있다면, 타인이 가한 그 제약 때문에 우리는 어떤 곳에 가거나 어떤 일들을 행하지 못하게 된다. 그러나 그 사슬이 끊어질 때 우리는 자유로워진다. 그러므로 자유에는 다음의 두 가지 일이 늘 연관된다. (1) 인간의 행위와 (2) 그 행위를 가로막는 실질적이거나 잠재적인 장벽이 그것이다. 일반적으로 자유는 자신이 원하는 일을 행할 수 있는 것, 곧 그 일을 가로막는 방해물 없이 그리할 수 있는 것을 의미한다.

그 장벽은 사슬이거나 잠긴 문일 수 있다. 그 장벽은 신체적인 장애일 수 있으며, 도덕법 또는 나라의 법일 수도 있다. 만약 우리가 나라의 어떤 법을 변화시키려 애쓴다면, 이때 우리는 정치적인 자유를 추구하는 것이 된다. 그리고 만일 우리가 어떤 도덕법을 거스르려 한다면, 이때 우리는 추구하지 않는 편이 더 나은 유형의 자유를 추구하고 있는 것이다.

여기까지 나는 상식적인 방식으로 자유를 묘사했다. 하지만 앞 장에서 보았듯이, 철학자들은 대개 상식적인 수준을 넘어서서 논의를 전개해 가려는 성향을 보인다. 그들은 지극히 추상적인 방식으로 질문을 제기하곤 한다. 평범한 사람들은 케이크의 재료에 관해 묻거나, 어떤 건물의 토대를 놓는 데 쓰인 자재에 관해 질문한다. 그러나 철학자들은 이 우주 전체의 구성 요소들에 관해 질문한다. 인간의 자유에 관한 철학적 분석도 이와 유사하다. 상식적으로 볼 때, 내가 만일 방 안에 갇혀 있지 않거나 사슬에 매여 있지 않다면 나는 자유롭다. 그러나 철학적인 자유 또는 '자유지상주의'의 경우에는 이와 다른 것을 의미한다.

자유지상주의*

자유지상주의libertarianism에 의하면 내 행동을 결정짓는 어떤 **원인**°이 존재할 경우에 내 행동은 자유롭지 못한 것이 된다. 따라서 이때 자유로운 행동은 곧 아무 원인이 없는 행동을 가리킨다. 자유지상주의의 관점에 따르면 원인들은 마치 사슬이나 문에 걸린 자물쇠와 같다. 우리는 그런 원인들의 영향을 피해 벗어날 수 없으며, 따라서 그것들은 우리를 속박하고 우리가 지닌 자유를 빼앗아 간다. 자유지상주의자들에 따르면, 무언가가 나로 하여금 어떤 방에 들어가도록 **영향을 행사한**cause 경우에 나는 그 일을 자유롭게 행했다고 할 수 없다는 것이다.

예를 들어 내가 원했기 때문에 오른팔을 들어 올린 경우, 상식적으로 나는 그 일을 자유롭게 행한 것이 된다. 하지만 엄격한 자유지상주의자들의 관점에서는 그저 내가 원하는 일을 행했다는 것만으로 그 일이 자유로운 행동이 되는 것은 아니다. 이는 때때로 우리가 품은 그 바람의 배후에도 어떤 원인이 자리 잡곤 하기 때문이다. 어쩌면 나는 최면에 걸렸기 때문에 내 팔을 들어 올

* **자유지상주의**(Libertarianism): 자유로운 행위들은 그것을 결정하는 원인을 지니지 않는다는 견해.
* **원인**(Cause): 어떤 일이 일어나게 만드는 것.

리려 했을 수도 있으며, 하늘을 향해 손을 뻗으려는 강한 충동 때문에 그리했을 수도 있다. 그리고 이런 충동은 내 자유를 박탈하는 것이다. 자유지상주의자들은 이런 자신들의 입장을 다음과 같이 좀 더 일반화시킨다. '만약 내 바람이 어떤 식으로든 다른 원인들의 영향을 받았다면, 그 일은 자유로운 행동이 될 수 없다.'

우리는 때로 우리가 내리는 결정이 자신의 "가장 강력한 갈망"에 근거한다고 말하곤 한다. 내게 사탕무를 먹고 싶은 마음도 있지만 양배추를 먹고 싶은 마음이 더욱 강하다면, 선택의 순간이 왔을 때 나는 양배추를 택하게 될 것이다. 하지만 그런 면에서 볼 때, 양배추를 향한 내 갈망은 내가 사탕무를 택하는 일을 불가능하게 만든 셈이다. 이처럼 그중 하나의 선택시가 차단되었으므로, 내가 양배추를 택한 것은 일종의 제약에 의해 어쩔 수 없이 결정된 선택지였던 것이다. 따라서 자유지상주의자에 따르면 내가 사탕무 대신에 양배추를 선택한 일은 자유로운 행동이 아닌 것이 된다.

그러므로 자유지상주의의 관점에서는 내 선택이 자신의 가장 강력한 갈망에 의해 결정될 경우에 그것은 자유롭지 못하다. 내가 양배추를 먹기로 자유롭게 선택할 수 있는 유일한 경우는, 오직 그 선택을 내린 후에도 사탕무를 먹는 것이 여전히 동등하게 가능할 때뿐이다. 이 점을 일반화해서 서술하자면 다음과 같다. '어떤 일을 행하는 것이 자신의 가장 강력한 갈망이기 때문에 그 일을 선택하는 것은 결코 자유로운 행동이 될 수 없다.' 이때에는 그 갈망의 힘이 우리의 선택을 제약하며 영향을 끼치기 때문이다. 그러나 자유지상주의의 관점에서는 **아무것도** 우리의 선택을 제약해서는 안 된다. 곧 그 선택은 **철저히** 자유로우며 어떤 인과적 필연성에도 매이지 않는 것이 되어야만 한다.

이런 관점에서 자유로운 선택은 곧 어떠한 원인과도 상관없이 내려진 선택이다. 만일 내가 수업 시간에 선생님의 질문에 답하기 위해 오른손을 든다면, 이때에는 그 답을 하려는 동기가 나로 하여금 손을 들도록 강제한 것이 된다. 이 경우에 나는 내 손을 들도록 어떤 원인에 의해 이끌린 것이며, 따라서 내 행동은 자유로운 것이 아니다. 오히려 내 행동은 그 원인에 의해 '결정된' 것이다. 자유지상주의자들에게 원인들은 마치 사슬이나 문에 걸린 자물쇠와 같다. 그 원인들은 우리로 하여금 특정한 방식으로 행동하도록 강제하며, 우리의 자유를 빼앗아가는 것이다.

우리는 이런 그들의 입장을 어느 정도까지 이해할 수 있다. 만약 다른 사람이 내 오른팔을 잡고 강제로 들어 올렸다면, 설령 그렇게 팔을 들어 올리는 것이 내가 원했던 일일지라도 내가 그 팔을 자유롭게 움직였다고는 말하지 않을 것이다. 이런 사례들을 살피면서 우리는 때때로 인과 작용이 자유를 억압한다는 생각을 품게 된다. 그러나 자유지상주의에서는 이런 원리를 한층 더 심화시킨다. 곧 그들에 따르면, **모든** 인과작용이 우리의 자유를 억압한다는 것이다. 이는 심지어 그 인과작용이 우리 자신의 갈망에 근거한 것일지라도 그러하다.

그러나 이들의 주장처럼 자유로운 행동에 어떠한 제약도 따르지 않는다면, 우리의 자유로운 움직임들은 원인이 없으며 설명되지 않는 것이 된다는 결론을 피하기 어렵다. 곧 그 움직임들은 순전한 우연* 또는 불규칙성에 근거한 사건들이 되는 것이다.

이 세계에서 일어나는 일부 사건들이 순전한 우연의 결과물이라는 개념은 고도로 추상화된 수준에서 제시되는 하나의 철학적 견해이다. 스피노자나 마르크스 같은 철학자들은 실재가 **결정론***적인 성격을 지닌다고 주장했다. 즉 우연 같은 것은 없으며 모든 사건에는 원인이 있고, 세상에서 벌어지는 모든 일들은 어떤 인과 관계의 결과물이라는 것이다. 그러나 에피쿠로스(우리는 앞장에서 그의 원자론을 살펴본 바 있다) 같은 다른 철학자들은 이 세상에 일부 우연의 요소가 존재한다고 주장했다.

에피쿠로스는 공간 안에서 원자들이 동일한 방향으로만 움직일 수는 없다고 주장했다. 이는 모든 원자들이 같은 방향으로만 움직일 경우(예를 들어 모두 아래쪽으로만 움직일 경우), 그 원자들은 서로 부딪힐 일이 없어지기 때문이다. 그러나 에피쿠로스의 관점에서는 원자들이 충돌하는 일이 중요한데, 왜냐하면 이런 충돌을 통해 원자보다 더 큰 사물들이 생겨나게 되기 때문이다. 이처럼 우주의 흐름의 한 시점에서 충돌을 통해 생겨난 원자들의 덩어리가 바로 사물들인 것이다. 그러므로 에피쿠로스는 일부 원자들

- **우연**(Chance): 전혀 결정되지 않았거나 원인이 없는 한 사건.
- **결정론**(Determinism): 모든 일에는 원인이 있다는 견해.

이 곧게 뻗은 궤도를 벗어나서 '방향을 전환한다'swerve°고 믿었다. 그런데 원자들은 지성적인 존재가 아니며 어떤 지성적인 존재의 인도를 받는 것도 아니므로, 그 원자들의 방향 전환은 전적인 우연에 근거하며 철저히 불규칙한 것이었다. 에피쿠로스는 또한 이 원자들의 방향 전환이 인간의 도덕적 책임을 설명해 준다고 믿었다. 이는 그가 만일 우리의 도덕적 결정이 어떤 식으로든 일종의 제약 아래 놓인다면 그것은 자유롭다고 볼 수 없다는 자유지상주의적인 견해를 품고 있었기 때문이다. 그는 우리의 도덕적 결정에 불규칙성의 요소가 있어야만 한다고 믿었다. 곧 그 결정은 어떤 다른 원인에 의해 결정되거나 야기되어서는 안 된다는 것이다.

이런 자유의지의 개념은 다른 사상가들에게 호의적인 관심의 대상이 되어 왔다. 아리스토텔레스가 이해한 우주 안에서, '질료'는 하나의 불규칙성을 지닌 요소였다. 또 둔스 스코투스와 아르미니우스, 몰리나를 비롯한 신학자들, 그리고 임마누엘 칸트나 C. A. 캠벨, H. D. 루이스와 피터 반 인웨건, 앨빈 플랜팅가 같은 철학자들도 자유지상주의를 옹호해 왔다.

• **방향 전환**(Swerve, 에피쿠로스): 원자들이 우연에 의해 움직임의 경로를 바꾸며, 이로 인해 서로 충돌해서 더 큰 사물을 이루게 된다는 견해. 에피쿠로스는 이 원자들의 방향 전환이 인간들의 도덕적인 자유를 설명하며, 따라서 그들의 도덕적 책임을 입증해 준다고 여겼다.

그러나 문제는 과연 자유로운 행위가 실제로 원인이 없는 것이어야만 하는지 여부에 있다. 자유지상주의의 입장을 따른다면 우리 자신의 움직임에 아무 원인이 없음을 확신할 수 없는 한 (이를테면 수업시간에 손을 드는 것 같은) 자신의 행동이 과연 자유로운 것인지를 확인할 수 없게 된다. 예를 들어 내가 팔을 들었는데, 여러분이 나에게 그 팔을 자유롭게 들어 올린 것인지를 질문한다고 가정해 보자. 이때 내가 자유지상주의자라면, 그 답은 "나도 모르겠습니다"가 될 것이다. 물론 나는 아무도 내 팔을 움켜쥐고서 위로 치켜들지 않았음을 안다. 또 나는 내 스스로 그 일을 원했기 때문에 팔을 든 것임을 안다. 하지만 나는 혹시 그 움직임의 배후에 더 미묘한 어떤 원인이 있지는 않았는지의 여부는 알지 못한다. 어쩌면 나의 팔을 움직이려는 내 갈망이 매우 강력해서 그 일을 야기했을 수도 있다. 상식적인 견지에서 살필 때, 그러한 갈망은 내 행동이 자유로움을 함축한다. 그러나 자유지상주의의 관점에서 살필 경우, 이 같은 갈망은 그 행동이 자유롭지 않음을 함축하게 된다. 이는 이 경우에 그 갈망이 나로 하여금 그 일을 행할 수밖에 없도록 제약을 가하거나 강제했기 때문이다. 그러므로 자유지상주의의 관점을 따를 경우, 내 움직임이 자유로운 것임을 입증하기 위해서는 그 움직임에 아무 원인이 없음을 입증해야만 한다. 그러나 많은 이들이 우리에게 가르쳐 주었듯이, 이러한 부정적인 명제를 입증하는 것은 불가능하다.

하지만 우리가 이해하는 '자유로움'의 의미는 이와 같지 않다. 자유로운 행위는 원인이 없는 것이 되어야 할 필요가 없다. 실제로 원인이 없는 행동은 이례적이며 기이한 사건, 곧 우리의 바람과는 상관없이 그저 발생하는 일이 될 것이다. 만약 내 팔이 내 의도와는 상관없이 계속 위아래로 움직인다고 하자. 그것은 자유로운 움직임이 아니라 이상한 사건일 것이다. 실제로 이 같은 불규칙성은 자유에 대한 하나의 방해물이다. 만약 내 팔이 아무 이유 없이 위아래로 계속 움직인다면, 이것은 곧 내가 스스로 통제할 수 없는 상태가 된다. 이것은 병적인 증상이며 비자발적인 발작일 뿐, 자유로운 선택을 보여주는 하나의 예가 아니다.

때로는 인과성이 자유를 손상시키기도 한다. 어떤 이가 내 팔을 잡고서는 이리저리 흔드는 일 같은 것이 그런 경우이다. 하지만 **모든** 인과성이 자유를 손상시킨다는 것은 분명 진실이 아니다. 이같이 주장하는 이들은 우리가 지난 장에서 살펴본 이들과 유사한 오류를 범하는 것이 된다. 그들은 하나의 철학적 원리를 일종의 추상적인 수준까지 끌어올리는데, 이때 그 원리는 우리가 지식을 얻는 데 도움을 주기보다 하나의 장애물 역할을 한다. 탈레스는 어떤 사물들이 다른 사물들로 이루어져 있음을 인지했으며, 이로부터 하나의 사물, 곧 '물'이 다른 모든 존재들을 구성한다는 개념을 발전시켰다. 하지만 우리는 반드시 모든 실재를 구성하는 하나의 요소가 있다고 생각할 이유가 없다. 이와 마찬가지로 모든 인과성이 자유에 대한 장애물이 된다고 믿을 이유 역시 없다.

1장에서 다루었던 주제들의 경우처럼, 이 장의 주제 역시 종교적인 함의를 지닌다. 첫째, 이전 장에서 우리는 자신들의 자율적인 이성을 가지고서 모든 실재의 정확한 구성 요소가 무엇인지 확정할 수 있다고 여긴 철학자들의 교만한 태도를 보았다. 지금 이 장의 경우도 그와 유사하다. 인간의 자유의지를 둘러싼 논쟁에서 일부 철학자들, 곧 자유지상주의자들은 그들 자신에게 '자유로운 선택'을 구성하는 정확한 요소들을 파악할 능력이 있다고 주장한다. 이들은 상식적인 자유의 개념, 곧 '내가 원하는 일을 행할 수 있는 것'을 만족스러운 정의로 여기지 않는다. 오히려 이들의 경우, 자유로운 선택에는 어떤 인과성도 개입할 수 없다는 것을 그들 자신의 철학적인 합리성만으로 입증할 수 있다고 생각한다. 탈레스가 모든 실재를 물로 여겼듯이, 자유지상주의자들은 모든 자유로운 선택에는 원인이 없다고 주장하는 것이다.

나아가 성경은 자유지상주의를 명백히 반대하고 있다. 성경에서는 인간의 자유로운 선택에 원인이 없다는 점을 단순히 부정하는 데 그치지 않고, 그런 선택이 존재함을 설명하는 몇 가지 원인들을 구체적으로 제시하고 있다. 예를 들어 예수님은 다음과 같이 말씀하셨다.

마음에서 나오는 것은 악한 생각과 살인과 간음과 음란과 도둑질과 거짓 증언과 비방이니(마 15:19).

이 말씀에 따르면, 악한 행동들을 낳는 원인은 곧 그 사람이 지닌 마음의 악한 본성에 있다. 예수님은 사람들의 이런 행동들을 자유로운 행위로 보시는 것이 분명한데, 이는 각 사람이 그들 자신의 행동에 대해 책임을 져야 하기 때문이다. 그러므로 자유지상주의의 입장과는 달리, 성경에 따르면 사람들의 행동은 원인을 지니면서도 자유로운 것이 된다. 그리고 자유지상주의의 입장에 더 큰 난점을 안겨 주는 것은 하나님이 사악한 자들의 마음을 강퍅하게 만드신다고 언급하는 성경의 본문들이다. 하나님이 바로의 마음을 완악하게 만드신 일에 관한 로마서 9:17-18의 서술이 그 한 예이다. 이때 자신의 죄에 대한 책임은 분명히 바로에게 있었지만, 그 죄가 **발생하게 하신**caused 분은 곧 하나님이셨다.

악의 문제*

그러므로 "내게 자유의지가 있는가?"라는 질문에 대한 성경의 답변은 신학과 연관되는 또 하나의 주요한 철학적 문제로 우리를 이끌어 간다. 악의 문제가 바로 그것이다. '어떻게 하나님이 사람들로 하여금 죄를 짓도록 만드실 수 있는가? 그분은 말 그대로 선함과 거룩함 그 자체이신 분이지 않은가?' 많은 사람들은 하나님이 마땅히 악이 존재하지 않는 세상을 만드셔야 했다고 주장함으로

---

* **악의 문제**(Problem of Evil): 하나님이 선하시며 거룩하신 분임에도 불구하고 인간의 죄와 악한 일들이 일어나게 하신다는 사실.

써 자신들의 불신앙을 정당화해 왔다. 이같이 비난하는 자들의 주장에 따르면, 하나님께서 악이 그 한 요소를 이루는 세상을 창조하셨으므로 그분 자신이 악하든지 또는 그분이 아예 신이 아니든지 둘 중 하나라는 것이다. 하지만 악은 매우 불가사의한 실재이며, 우리 자신의 지성만으로는 그 악의 존재를 설명하기에 불충분하다. 그러므로 우리는 이 문제에 관해 하나님이 친히 말씀하시는 내용에 귀 기울이는 것이 합당하다.

사도 바울도 이와 동일한 비난을 접했으며, 이에 그는 다음과 같이 응답했다.

> 그런즉 우리가 무슨 말을 하리요. 하나님께 불의가 있느냐. 그럴 수 없느니라. 모세에게 이르시되 내가 긍휼히 여길 자를 긍휼히 여기고 불쌍히 여길 자를 불쌍히 여기리라 하셨으니 그런즉 원하는 자로 말미암음도 아니요 달음박질하는 자로 말미암음도 아니요 오직 긍휼히 여기시는 하나님으로 말미암음이니라. 성경이 바로에게 이르시되 내가 이 일을 위하여 너를 세웠으니 곧 너로 말미암아 내 능력을 보이고 내 이름이 온 땅에 전파되게 하려 함이라 하셨으니 그런즉 하나님께서 하고자 하시는 자를 긍휼히 여기시고 하고자 하시는 자를 완악하게 하시느니라.
>
> 혹 네가 내게 말하기를 그러면 하나님이 어찌하여 허물하시느냐 누가 그 뜻을 대적하느냐 하리니 이 사람아 네가 누구이기에 감히 하나님께 반문하느냐. 지음을 받은 물건이 지은 자에게 어찌 나

를 이같이 만들었느냐 말하겠느냐. 토기장이가 진흙 한 덩이로 하나는 귀히 쓸 그릇을, 하나는 천히 쓸 그릇을 만들 권한이 없느냐. 만일 하나님이 그의 진노를 보이시고 그의 능력을 알게 하고자 하사 멸하기로 준비된 진노의 그릇을 오래 참으심으로 관용하시고 또한 영광 받기로 예비하신 바 긍휼의 그릇에 대하여 그 영광의 풍성함을 알게 하고자 하셨을지라도 무슨 말을 하리요. 이 그릇은 우리니 곧 유대인 중에서뿐 아니라 이방인 중에서도 부르신 자니라(롬 9:14-24).

여기서 바울이 언급하는 바는 다음과 같다. (1) 하나님은 그분 자신이 하나님이시기 때문에, 자신의 피조물인 이 세상에 대해 그분의 뜻대로 행하실 권리를 지니고 계신다(14-21절). (2) 그럼에도 하나님은 악을 미워하시며, 잠시 동안 그 악의 존재를 용납하기 위해 깊은 인내심을 발휘하고 계신다(22절). 그리고 (3) 하나님은 그런 악한 일들까지도 그분이 부르신 자들을 위해 유익하게 작용하도록 역사하신다(23절, 참조. 8:28). 이런 원리들을 통해 악의 불가사의한 성격이 남김없이 다 설명되는 것은 아니다. 하지만 이 원리들은 악의 문제를 기독교적으로 이해하기 위한 출발점을 제시한다. 곧 우리가 그 문제를 어떻게 이해하는 것이 **마땅한지**를 일러주는 것이다.

이 이해에 따르면, 하나님은 실제로 인간의 죄와 악한 일들이 일어나게끔 만드신다. 하지만 이와 동시에 그분은 사탄과 인간들에게 그들의 사악한 행위에 대한 책임을 정당하게 물으신다. 이것은 분명히 신비스러운 일이며, 그리스도인들은 이 일이 지닌 그 성격에 관해 다른 이들에게 변명할 필요가 없다. 만일 하나님이 우리에게 신비스러운 분으로 다가오지 않는다면, 그분은 하나님이 아니실 것이다.

하나님이 인간의 죄를 일어나게 만드신다는 말은 많은 이들을 당황하게 만든다. 하지만 성경에서는 그 사실을 자주 언급하기에 우리는 그 점을 염두에 둘 필요가 있다. 하나님은 실제로 악한 일들이 일어나게 만드신다. 다음의 성경 본문들을 숙고해 보라.

여호와께서 모세에게 이르시되 네가 애굽으로 돌아가거든 내가 네 손에 준 이적을 바로 앞에서 다 행하라. 그러나 내가 그의 마음을 완악하게 한즉 그가 백성을 보내 주지 아니하리니(출 4:21).

내가 바로의 마음을 완악하게 하고 내 표징과 내 이적을 애굽 땅에서 많이 행할 것이나 바로가 너희의 말을 듣지 아니할 터인즉(출 7:3-4상).

헤스본 왕 시혼이 우리가 통과하기를 허락하지 아니하였으니 이는 네 하나님 여호와께서 그를 네 손에 넘기시려고 그의 성품을 완강하게 하셨고 그의 마음을 완고하게 하셨음이 오늘날과 같으니라(신 2:30).

또 [하나님이] 그 [애굽인]들의 마음이 변하게 하여 그의 백성을
미워하게 하시며 그의 종들에게 교활하게 행하게 하셨도다(시
105:25).

이 목록을 확대시키면 그 안에 더욱 많은 본문들이 포함될 수 있
다. 출애굽기 7:13; 9:12; 10:1, 20, 27; 11:10; 14:4, 8을 보라. 그
가운데서 하나님이 그 행위의 주체이심이 지속적으로 강조되는
것을 살펴보기 바란다. 이 중 많은 본문들은 하나님이 바로의 마
음을 완악하게 하신 일에 관해 언급하고 있다. 물론 바로 자신이
완고한 마음을 품은 것 역시 사실이다(출 8:15). 하지만 본문의 이
야기에서는 하나님이 그를 완고하게 만드신 일이 분명히 더 우선
시되며, 더욱 크게 강조되고 있다. 인간이 완고한 마음을 품는 것
은 죄이다(시 95:7-8). 그러나 바로의 경우에 그 일이 일어나게 만
드신 분은 하나님이시며, 하나님은 자신의 구체적인 목적을 위해
그렇게 행하셨다. 바울은 하나님이 바로를 다루신 일을 논한 뒤,
그 내용을 이렇게 요약하고 있다.

그런즉 하나님께서 하고자 하시는 자를 긍휼히 여기시고 하고자 하
시는 자를 완악하게 하시느니라(롬 9:18).

그러나 하나님이 그 원인이 되셨음에 관한 이 모든 강조점에도 불
구하고, 바로가 범한 사악한 행동들에 대한 비난은 하나님이 아닌

바로 자신에게 돌아가야 함이 명백하다.

하나님을 비난하는 이들이 취한 방식과는 달리, 바울은 이런 식으로 악의 문제를 이해하고 있다. 이는 예수님이 주시는 구원의 은혜가 바울 자신의 심령 속에 임했기 때문이다. 하나님은 이 은혜와 더불어 새로운 마음을 바울에게 주셨다. 이는 세상의 철학자들과는 매우 다른 방식으로 이 세상을 이해하는 마음, 바로 그리스도의 마음*이었다(고전 2:16).

이처럼 그리스도는 철학의 구주이시다. 이는 그분이 우리를 죄에서 건져 주시는 구주가 되시기 때문이다. 그분은 우리를 살인과 도둑질에서 건져 주시듯이 죄악된 사상과 철학들로부터도 구해 주신다(골 2:8).

결론

자유의지 문제를 향한 우리의 이 짧은 여정은 악의 문제라는 더욱 난해한 질문으로 이어졌다. 철학자와 신학자들은 종종 하나님은 악의 원인이 되시지 않는다고 주장하면서, 악의 문제는 인간이 지닌 자유지상주의적인 자유 개념에 의해 설명될 수 있다고 역설해 왔다. 하지만 이런 그들의 주장은 악이 우연히 이 세상에 들어왔다는 의미가 된다. 이는 곧 하나님이 지니신 것보다 더 큰 능력을

---

* **그리스도의 마음**(The Mind of Christ): 예수님이 생각하시는 방식대로 생각하는 일.

우연에 부여하는 셈이 되는데, 이 관점에 따르면 악이 우연히 세상에 들어오는 일을 하나님이 막으실 수 없었던 것이 되기 때문이다.

그러나 나는 악의 문제가 지닌 난점을 그대로 받아들이고, 하나님이 그분의 선하신 목적들을 위해 이 세상에 악을 이끌어 들이신다는 점을 인정해야 한다고 주장한다. 그리고 사도 바울이 로마서 9장에서 제시하는 방식대로 이 문제를 바라보아야 한다. 이와 동시에 이제껏 내가 언급한 모든 이유들에 근거해서, 우리는 자유지상주의적인 자유 개념을 거부하고 상식적인 자유의 개념으로 돌이켜야만 한다. 이 상식적인 자유는 곧 '내 행동에 원인이 있든지 없든지 간에, 만일 내가 원하는 방식대로 행동하고 있다면 나는 자유롭다'는 개념이다.

그러므로 이 장의 제목에 담긴 질문에 대하여 나는 "그렇다"라고 대답한다. 우리는 상식적인 의미에서 정의된 '자유의지'를 소유하고 있다. 이는 곧 많은 경우에 우리는 자신이 원하는 일을 행할 수 있음을 뜻한다.

또한 이는 우리가 이런 의미에서 자유롭게 행할 때에 우리는 자신이 행한 일에 도덕적인 책임을 진다는 점을 뜻하기도 한다.

따라서 결론적으로 우리는 자유지상주의적인 의미에서 정의된 자유의지를 소유하고 있지 않다. 우리의 자유로운 행위들은 그 원인들, 곧 우리 안에 있는 원인들과 우리 너머에 있는 원인들을 지닌다. 우리가 내리는 선택들의 원인이 되는 것은 우리 자신의 갈망과 우리의 마음에 품은 애착, 그리고 하나님의 주권적인 결정이다. 성경의 가르침에 따르면, 이런 원인들은 우리의 도덕적 책임을 조금도 감소시키지 않는다.

1 ··· 프레임에 의하면 자유의 두 가지 요소는 무엇인가? 그 내용을 평가해 보라. 물리적인 자유와 정치적인 자유, 도덕적 자유를 구분해 보라.

2 ··· 자유지상주의자들이 자유로운 행위에는 원인이 없어야 한다고 여기는 이유는 무엇인가? 그들의 관점을 평가해 보라.

3 ··· 내가 내 자신의 가장 강력한 갈망을 좇아 어떤 일을 행하기로 선택했을 때, 나의 그 선택은 과연 자유로운 것이 될 수 있는가? 이 문제를 논해 보라.

4 ··· 내가 어떤 일을 자유롭게 행했는지 여부를 자유지상주의의 관점에서는 어떻게 알 수 있는가?

5 ··· 프레임은 불규칙성이 자유에 대한 방해물이 된다고 주장한다. 그의 주장을 설명하고 평가해 보라.

6 ··· 성경은 자유지상주의를 옹호하는가? 이 문제에 연관된 몇몇 본문들을 언급해 보라.

7 ··· 성경은 악의 문제를 어떻게 다루는가? 여러분 자신의 응답은 무엇인가?

8 ··· "그리스도는 철학의 구주이시다." 이 일이 어떻게 가능할 수 있는가? 그리스도는 철학 같은 지성적인 분야보다는 도덕적이며 영적인 문제들에 연관되시는 분이 아닌가? 이 주장의 내용을 설명해 보라.

3. 나는 이 세상을 알 수 있는가

철학에서는 형이상학과 철학적 인간학 외에도 지식론 또는 인식론*의 영역을 탐구한다. 앞선 주제들의 경우와 마찬가지로 철학에서는 매우 추상적인 수준의 인식론적인 질문들을 던진다. 일상생활에서 우리는 지식에 연관된 구체적인 내용들을 종종 묻곤 한다. "나에게 부과된 세금을 납부하는 방법을 어떻게 알 수 있을까요?" "내 집 잔디밭에 비료를 어느 정도 뿌려야 할지를 알려면 어떻게 해야 하지요?" "이 대수방정식에서 x의 값은 어떻게 알아낼 수 있을까요?" "이웃에 사는 이들을 알아가려면 어떻게 해야 할까요?" 하지만 철학자들은 이렇게 질문한다. "나는 어떻게 무언가를 알 수 있는가?"How can I know anything at all? 여기서 반복되는 형식에 주목하라. 철학에서는 형이상학적인 구성 요소들과 추상적인 의미의

---

* **인식론**(Epistemology): 지식에 관한 이론.

자유, 그리고 전반적인 지식에 관해 탐구한다. 곧 철학에서는 모든 구체적인 지식들 너머에 '보편 지식'이 존재한다고 상정한다. 이는 모든 지식에 공통되는 요소를 갖춘 것으로서, 모든 구체적인 형태의 지식들을 유효하게 만들어 주는 개념이다. 철학자들은 다음의 질문을 던짐으로써 그 요소를 밝혀내려 한다. "나는 어떻게 무언가를 알 수 있는가?"

정당화*된 참인 믿음

오랫동안 서양의 철학자들은 지식*을 '정당화된 참인 믿음'justified, true belief으로 정의해 왔다. 이 어구는 모든 지식의 공통적인 요소를 밝혀 주는 것으로 여겨졌다.

우리가 지식을 얻기 위해서는 먼저 **믿음**belief을 소유해야만 한다. 만일 하늘이 어떤 색깔인지를 알고자 한다면, 먼저 그것에 관한 믿음을 지니고 있어야 한다. 그러나 모든 믿음이 지식인 것은 아니다. 때때로 우리가 믿는 무언가가 거짓으로 드러나기도 하기 때문이다. 이처럼 그 믿음이 거짓될 경우에 우리는 그것을 지식으로 여기지 않는다.

그러므로 지식은 믿음일 뿐 아니라, 동시에 그 믿음이 **참**이어

- **(지식의) 정당화**(Justification [of Knowledge]): 어떤 이의 믿음이 지식이라고 주장할 권리를 확립해 주는 근거.
- **지식 (전통적인 정의)**(Knowledge [traditional definition]): 정당화된 참인 믿음.

야만 한다. 물론 오늘날에는 진리의 개념에 대한 논쟁이 있듯이 믿음의 개념 역시 그러하다. 여하튼 대다수 사람들의 경우에 지식을 얻는 것은 곧 참된 믿음을 품는 일이라고 생각한다.

하지만 모든 참인 믿음이 지식인 것은 아니다. 어쩌면 나는 피츠버그 파이어리츠(미국 메이저리그의 야구팀—옮긴이)가 1960년에 월드 시리즈에서 우승했다고 믿을 수도 있다. 그리고 그것은 참된 믿음이다(1960년에 실제로 그 팀이 우승했다—옮긴이). 하지만 이때 내 믿음은 신뢰할 만한 정보에 근거한 것이기보다는 엉뚱한 추측이나 공상, 또는 강한 희망에 바탕을 둔 것일 수 있다. 어쩌면 나는 파이어리츠가 대단히 멋진 팀이기 때문에 지금까지 매년 월드 시리즈에서 우승을 거두어 왔을 것이라고 생각하는 것일 수도 있다. 이때에는 파이어리츠가 1960년에 우승했음을 내가 믿지만, 나에게 그 사실을 믿을 **권리**는 없는 것이 된다. 이를 달리 표현하면, 내게는 그 사실을 믿을 타당한 **근거**가 없다는 것이다. 내게는 그 믿음을 **정당화해** 줄 만한 것이 없다. 이처럼 내 믿음이 엉뚱한 추측에 근거할 경우, 비록 그 믿음이 참될지라도 그것을 '지식'으로 부르는 것은 그릇된 일이 된다. 지식은 단지 참인 믿음인 데에 그치지 않고, **정당화된** 참인 믿음이 되어야만 한다.

이처럼 지식은 정당화된 참인 믿음이다. 그러나 과연 그러할까? 1963년에 에드먼드 게티어 Edmund Gettier *는 어떤 신념들의 경우

---

* **에드먼드 게티어**(Edmund Gettier): 반례들을 제시함으로써 전통적인 지식의 정의에 의문을 제기한 인물.

에 참이고 정당화되는 것들이면서도 '지식'으로 간주되지 않을 수 있다고 주장했다.[1] 예를 들어 내가 뉴욕시의 인구는 천만 명이라고 믿고 있으며, 그 믿음이 참이라고 해 보자. 그리고 이때 나는 평소에는 신뢰할 만한 웹사이트에서 그 내용을 읽었기 때문에 그것을 믿는다고 해 보자. 그런데 내가 그 내용을 읽었던 바로 그 시점에는 자격이 없는 한 편집자가 데이터들을 임의로 지어내면서 그 항목을 작성했기 때문에 그 웹사이트가 신뢰할 만한 상태가 아니었음이 이후에 드러나게 되었다고 가정해 보자. 이 경우에 나는 참인 믿음을 지녔으며 그 믿음은 정당화된 것이었지만(이는 내게 그 내용을 믿을 권리가 있었음을 뜻한다), 그 정당화는 부적절한 것으로 드러나게 된다.

이런 게티어의 반론은 자연히 철학자들 사이에서 중요한 논의를 불러일으켰다. 그 논의의 주제는 (1) 지식에 대한 삼중의 정의는 적절한가, 그리고 (2) 어떤 지식을 주장함에 있어 적절한 정당화를 구성하는 것은 무엇인가와 연관된다.

나는 이 삼중의 정의가 어느 정도까지는 유익하다고 생각한다. 하지만 그 핵심 용어들인 '믿음'과 '참인', '정당화된'에 관해서는 더 깊은 분석을 위해 추가적인 질문들을 제기할 수 있다.

여기서는 '정당화된'이라는 용어에 관해 좀 더 자세히 살펴보려 한다.

정당화

이 용어를 통해 우리가 지닌 지식의 정의는 사실°과 규범° 사이, 곧 '-이다'is 와 '-해야 한다'ought° 사이를 가로막고 있는 철학적 장벽을 뛰어넘게 된다. 데이비드 흄은 우리가 사실들에 관한 진술로부터 규범들에 관한 진술을 이끌어낼 수는 없다고 가르쳤다. 예를 들어, "사탕무에는 영양분이 많다"라는 진술이 "우리는 사탕무를 먹어야 한다"는 규범을 함의하지는 않는다.

우리는 보통 지식을 사실들의 축적물로 간주한다. 그러나 어떤 지식을 정당화하는 근거는 '-해야 한다'에 관련된 진술, 곧 우리가 마땅히 믿어야 할 내용에 관한 진술이다. 내가 한 웹사이트의 내용에 근거해서 피츠버그 파이어리츠에 관한 나의 믿음을 정당화할 때, 나는 그 웹사이트에서 말하는 내용을 믿을 의무°가 있다고 내 자신에게 전제하는 것이 된다.

하지만 나는 그런 전제가 옳음을 어떻게 입증할 수 있을까? 과연 나에게 무언가를 믿을 의무가 있는지 여부를 어떻게 알 수 있을까? 의무는 우리가 보거나 들을 수 있는 종류의 일이 아니다. 의무는 우리가 대개 '과학적 방법론'이라고 부르는 조사의 방식에

- • **사실**(Facts): 어떤 일의 상태, 어떤 일이 그러한 바.
- • **규범**(Norms): 일의 상태가 어떠해야 하는지에 대한 진술.
- • **'-해야 한다'**(Ought): 문장 가운데서 하나의 규범을 제시하며 어떤 의무를 부과하기 위해 사용되는 동사.
- • **의무**(Obligations): 규범에 근거해서 인간의 행동에 관해 요구되는 일들.

우리는 모두 철학자입니다

종속되지 않는다. 그리고 흄의 요점은 바로 여기에 있었다. 그에 의하면 우리가 그 활동을 제대로 수행할 경우에 과학은 우리에게 사실들을 알려주지만 우리는 이 사실들로부터 어떤 규범이나 당위성이나 의무들을 이끌어낼 수가 없다.[2]

그러나 지식 주장을 정당화하는 근거들은 실제로 의무를 나타내는 진술들이다. 그러므로 사실들에 대한 지식은 그 자체로 사실들에 대한 지식 이상의 것이다. 그 사실들에 대한 지식 속에는 항상 의무들에 관한 지식이 포함된다. 결국 내가 무엇을 믿든지 간에, 내가 그 일을 믿는 이유는 바로 내가 그것을 **믿어야만** 한다고 생각하기 때문이다.

그러므로 사실에 관한 지식이 곧 의무에 관한 지식을 **수반하는** 것은 아니지만, 그 사실에 관한 지식은 언제나 어떤 의무들을 **그 전제로 삼는다**. 이런 원리가 적용되는 지점 중 하나는 바로 도덕성을 그 전제로 삼는 과학이다.

여기서 우리가 숙고한 내용들은 도덕적이며 윤리적인 지식들이 우리 자신의 감각과 추론, 과학적 방법론을 통해 얻게 되는 종류의 지식보다 더욱 근본적인 성격을 가짐을 보여준다. 이는 우리가 이런 출처들로부터 얻게 된 믿음을 확증하려 할 때마다, 먼저 우리에게 그 내용을 믿어야 할 윤리적 의무, 또는 적어도 그 내용을 믿는 것이 윤리적으로 허용되는 일임을 입증해야 하기 때문이다.

이런 결론은 많은 이들에게 난감한 것이 된다. 왜냐하면 일반 철학자들은 대체로 우리의 감각과 이성에 근거한 진술들이 도덕적 지식보다 훨씬 더 신뢰할 만하다는 것을 전제로 삼기 때문이다. 그러나 이것은 그릇된 전제이다. 실제로 우리가 믿어야 할 의무를 지닌 내용에 관해 신뢰할 만한 개념을 소유하지 못하는 한, 우리의 감각과 이성에 근거한 진술들은 전혀 신뢰할 수 없게 된다.

그렇다면 의무에 대한 우리의 지식은 어디에서 유래하는가? 이 책의 5장과 6장에서는 이 도덕적 지식의 문제를 좀 더 자세히 다룰 것이다. 다만 여기서는 앞서 언급한 흄의 요점을 기억해 보기로 하자. 이는 사실에 관한 지식, 곧 우리의 감각과 이성에 근거한 진술들로부터 도덕적 지식을 이끌어낼 수 없다는 주장이다. 오히려 우리는 신비스러운 방식으로 도덕성을 습득하게 되는 것처럼 여겨진다. 우리는 그 과정을 제대로 파악할 수 없을 때가 많다. 그 구체적인 지식은 그저 서서히 우리 마음속에 스며드는 것으로 보인다.

아마 우리의 기본적인 도덕적 지식은 선천적인 성격을 지닐 것이다. 그러나 그 지식 중 일부는 부모, 교사, 감독, 고용주, 또는 작가 등의 다른 사람들이 보여준 모범과 그들의 조언을 통해 우리의 마음속에 주어진다. 우리가 이런 사람들과 맺고 있는 관계의 깊이에 근거해서, 우리는 이들을 자신의 역할 모델로 삼게 된다. 특히 우리는 **권위***와 **능력***과 **사랑***을 지닌 것으로 보이는 이들을

---

* **권위**(Authority): 복종을 요구할 권리.
* **능력**(Power): 자신의 목적들을 성취할 수 있는 힘.
* **사랑**(Love): 헌신, 자애로운 행동, 그리고/또는 정서적인 애착.

존경하게 된다. (1) 어떤 이가 참된 **권위**를 지녔음을 인식할 때, 우리는 그를 향해 충성으로 응답하면서 그의 가치관과 목표들을 기꺼이 공유한다. (2) 어떤 이가 지닌 **능력**을 인식할 때, 우리는 이 세상에서 우리 자신이 품은 목적들을 성취하기 위해 그의 가치관을 모방한다. 그리고 (3) 우리가 깊은 **사랑**을 품은 인물을 대면할 때, 우리는 다른 어떤 때보다도 마음에 감동을 받아 그를 깊이 존경하며 그의 가치관을 자원하여 받아들인다.

하지만 우리는 그저 인간적인 미덕에 근거해서 누군가에게 헌신할 때 종종 실망하게 된다. 이는 어떤 권위가 다른 권위와 부딪히며, 어떤 능력은 또 다른 능력과, 어떤 사랑은 또 다른 사랑과 충돌하기 때문이다. 그러나 성경은 우리가 인간 사회에서 마주하게 되는 여러 권위와 능력과 사랑의 배후에 절대적인 권위와 능력과 사랑을 소유하신 한 분이 계시며, 그분의 가치들은 결코 무너질 수가 없다고 가르친다.[3] 우리가 자신의 부모와 교사, 철학자와 정치 지도자들로부터 받아들이게 되는 모든 가치들의 밑바탕과 배후에는 바로 그분이 계신다. 이 모든 이들은 비록 오류가 섞인 방식을 통해서라도 어떻게든 그분을 가리켜 보이는 것이다.

성경에서는 우리 모두가 하나님과 그분이 원하시는 가치들을 알고 있다는 점을 전제로 삼는다. 내가 다음 장에서 해설할 로마서 1:18-32에서는 하나님이 이 창조 세계 안에서 그분 자신을 뚜렷이 드러내 보이신다는 점을 언급하는 동시에, 그분 자신의 존재뿐 아니라 우리의 도덕적 의무가 지닌 기본적인 본성까지도 계시하신다는 점을 말씀하고 있다. 그 기본적인 도덕적 의무는 바로 우리가 그분께 **경배해야 하며**, 오직 그분께만 그리해야 한다는 것이다. 이 근본적인 의무가 다른 모든 도덕적인 의무들의 기저에 자리 잡고 있다.

그러므로 지식의 문제는 도덕적인 사안이다. 우리가 무언가를 안다고 주장할 때, 실질적으로 우리는 하나님이 우리로 하여금 그것을 믿도록 **허용하실** 뿐 아니라 심지어 그리할 **의무를 부과하신다**고 주장하는 셈이 된다. 우리는 이 세상을 알 수 있으며, 실제로 마땅히 **알아야만** 한다. 그런데 우리가 이 세상을 알 수 있는 것은 바로 우리가 하나님을 알기 때문이다.

1 ··· 흄이 사실들로부터 의무들이 추론되지는 않는다고 생각했던 이유는 무엇인가? 외관상 연관성이 있어 보이는 사실로부터 어떤 의무가 추론되지 **않는** 경우의 한 사례를 제시해 보라.

2 ··· "결국 내가 무엇을 믿든지 간에, 내가 그 일을 믿는 이유는 바로 내가 그것을 **믿어야만** 한다고 생각하기 때문이다." 이런 프레임의 고찰은 흄의 입장과 충돌하는가? 이에 관해 설명하고 평가해 보라.

3 ··· 프레임은 "과학이 도덕성을 그 전제로 삼는다"고 언급한다. 이에 관해 설명하고 평가해 보라.

4 ··· "오히려 우리는 신비스러운 방식으로 도덕성을 습득하게 되는 것처럼 여겨진다." **여러분은** 자신의 도덕적인 기준을 어떻게 습득하게 되었는가? 과연 그 습득의 과정은 여러분의 도덕적 신념을 정당화하기에 충분한 근거가 되는가?

5 ··· 권위와 능력과 사랑은 윤리적 지식의 소통 방식과 어떤 관계가 있는가? 이런 속성들이 서로 충돌하는 사례들 앞에 직면할 때 우리는 어떻게 해야 하는가?

6 ··· "지식의 문제는 하나의 도덕적인 사안이다." 프레임은 이 원리를 어떤 식으로 옹호하고 있는가? 그의 주장을 평가해 보라.

4. 신은 존재하는가

어떤 이들은 철학과 종교가 멀리 떨어져 있다고 생각한다. 분명히 철학자들은 종종 종교를 향해 반감을 품곤 한다. 최초의 그리스 철학자들, 곧 탈레스와 아낙시만드로스, 헤라클레이토스와 파르메니데스 같은 이들은 그리스의 종교를 버리고 이성의 힘만으로 이 세상을 파악하려 한 사상적 혁명을 주도했다. 물론 에피쿠로스 같은 일부 인물들은 그리스 신들의 존재를 인정했다. 하지만 에피쿠로스는 그 신들이 진지한 철학의 작업과는 무관하다고 믿었다. 그는 인간이 제우스에 관해 살피기보다는 원자들을 연구함으로써 이 세계의 실제적인 움직임에 관해 더 많은 것을 배울 수 있다고 여겼다.

하지만 사도 바울은 당대의 철학의 본고장인 아테네를 방문해서 에피쿠로스주의자들이나 스토아주의자들과 대화를 나누었을 때, 그는 그들이 "종교심이 많[은]" 이들임을 알아차리게 되었

우리는 모두 철학자입니다

다(행 17:22). 이는 그 도시가 온갖 신상들로 가득 차 있었기 때문이다. 곧 이 철학자들은 자신들의 세련된 지성을 내세웠지만, 그 사회가 우상숭배*를 배격할 아무런 근거를 제시해 주지 못했던 것이다.

또한 철학자들은 다양한 종류의 신들을 자신들의 체계 속으로 끌어들이는 일에 저항하기가 어려운 상황이었다. 다시 언급하자면, 에피쿠로스주의자들은 전통적인 신들의 존재를 마지못해 받아들였고, 스토아주의자들은 좀 더 세련된 형태의 범신론을 가르쳤다. 아리스토텔레스의 견해는 더욱 광범위한 영향을 끼쳤는데, 그는 이 우주에 운동의 궁극적인 원인이 되는 존재가 분명히 있으며 그 존재는 다른 누구에게서도 영향을 받지 않는다uncaused고 주장했다. 그는 이 존재를 '제일 동자'First Mover*로 불렀으며, 때로 이 존재에 관해 종교적인 표현법을 사용함으로써 그 존재가 신임을 인정했다. 아리스토텔레스는 이 세계가 탈레스의 물이나 아낙시만드로스의 아페이론, 또는 데모크리토스의 원자나 그 자신이 내세운 제일 질료(이 책의 1장을 보라)에 의해 적절히 설명될 수 있다고 여기지 않았다. 그는 이 우주의 과정을 진행하는 존재를 상정했으며, 후에 아퀴나스가 언급했듯이 '모든 이들은 이 존재가 신임에 동의한다.'

- 우상숭배(Idolatry): 거짓된 신에게 경배하는 일.
- 제일 동자(First Mover, 아리스토텔레스): 운동의 궁극적인 원인이 되는 존재. 그/그것 자신은 움직이지 않는다.

하지만 이런 신들은 성경의 하나님과 매우 거리가 멀다. 성경의 하나님은 물이나 공기처럼 물질적인 실체가 아니시며, 스토아주의의 '자연'처럼 이 세계와 동일시되지도 않으신다. 또한 아리스토텔레스의 '제일 동자'와 그분 사이에도 여러 면에서 차이점이 있다. 아리스토텔레스의 신은 이 세계를 알지 못할 뿐 아니라 결코 이 세계를 사랑할 수도 없다. 이는 그가 이 세계와 그런 관계를 맺는다면 자신의 절대성이 손상되기 때문이다. 이 경우에는 어떤 식으로든 그의 지식이 이 세계의 진행 과정에 의존하게 될 것이다. 그러므로 제일 동자는 기도에 응답하거나 죄를 속하지 않으며, 인간들을 그들 자신의 죄와 그 죄의 결과에서 구원해 주지도 않는다.

하지만 이런 숙고들을 통해 우리는 신의 존재와 본성에 관한 문제가 한편으로는 철학적인 문제임을 파악할 수 있다. 우리가 보았듯이 철학에서는 이 세계에 대한 포괄적인 설명과 서술을 추구하며, 그런 종류의 지식은 오직 신만이 소유할 수 있는 것으로 보인다. 그러므로 철학은 신에게로 나아가는 길을 찾고자 한다.

그 길은 우리 중 누구에게서도 멀리 떨어져 있지 않다. 사도 바울은 에피쿠로스주의자들과 스토아주의자들에게 말씀을 전하면서, 참되신 하나님이 이 세상을 창조하실 때 사람들이 "혹 하나님을 더듬어 찾아 발견[할]" 수 있게끔 하셨다고 설교했다. 곧 "그는 우리 각 사람에게서 멀리 계시지 [않으며]", "우리가 그를 힘입어 살며 기동하며 존재하[고]" 있다는 것이다(행 17:27-28). 사람들이 우상숭배의 그릇됨을 마땅히 깨달을 수 있도록, 하나님은 그분 자신을 아주 분명하게 계시하셨다. "[우리는] 하나님을 금이나 은이나 돌에다 사람의 기술과 고안으로 새긴 것들과 같이 여길 것이 아니니라"(행 17:29). 그리고 로마서 1:18-32에서 바울은 이에 관해 더 많은 내용을 언급하고 있다.

하나님의 진노가 불의로 진리를 막는 사람들의 모든 경건하지 않음과 불의에 대하여 하늘로부터 나타나나니 이는 하나님을 알 만한 것이 그들 속에 보임이라. 하나님께서 이를 그들에게 보이셨느니라. 창세로부터 그의 보이지 아니하는 것들 곧 그의 영원하신 능력과 신성이 그가 만드신 만물에 분명히 보여 알려졌나니 그러므로 그들이 핑계하지 못할지니라. 하나님을 알되 하나님을 영화롭게도 아니하며 감사하지도 아니하고 오히려 그 생각이 허망하여지며 미련한 마음이 어두워졌나니 스스로 지혜 있다 하나 어리석게 되어 썩어지지 아니하는 하나님의 영광을 썩어질 사람과 새와 짐승과 기어다니는 동물 모양의 우상으로 바꾸었느니라.

그러므로 하나님께서 그들을 마음의 정욕대로 더러움에 내버려 두사 그들의 몸을 서로 욕되게 하게 하셨으니 이는 그들이 하나님의 진리를 거짓 것으로 바꾸어 피조물을 조물주보다 더 경배하고 섬김이라. 주는 곧 영원히 찬송할 이시로다. 아멘.

이 때문에 하나님께서 그들을 부끄러운 욕심에 내버려 두셨으니 곧 그들의 여자들도 순리대로 쓸 것을 바꾸어 역리로 쓰며 그와 같이 남자들도 순리대로 여자 쓰기를 버리고 서로 향하여 음욕이 불 일듯 하매 남자가 남자와 더불어 부끄러운 일을 행하여 그들의 그릇됨에 상당한 보응을 그들 자신이 받았느니라.

또한 그들이 마음에 하나님 두기를 싫어하매 하나님께서 그들을 그 상실한 마음대로 내버려 두사 합당하지 못한 일을 하게 하셨으니 곧 모든 불의, 추악, 탐욕, 악의가 가득한 자요 시기, 살인, 분쟁, 사기, 악독이 가득한 자요 수군수군하는 자요 비방하는 자요 하나님께서 미워하시는 자요 능욕하는 자요 교만한 자요 자랑하는 자요 악을 도모하는 자요 부모를 거역하는 자요 우매한 자요 배약하는 자요 무정한 자요 무자비한 자라. 그들이 이같은 일을 행하는 자는 사형에 해당한다고 하나님께서 정하심을 알고도 자기들만 행할 뿐 아니라 또한 그런 일을 행하는 자들을 옳다 하느니라.

바울은 하나님이 우리에게서 멀리 떨어져 계시지 않는다고 말한다. 오히려 하나님은 그분이 창조하신 세상 속에서 자신을 분명히 계시하고 계신다. 이 명백한 계시가 있기 때문에 우리는 자신의 우상숭배를 변명할 수가 없게 된다. 우상숭배는 정직한 무지에 기초를 둔 것이 아니다. 그것은 18절에서 언급하듯이 진리를 "억압하는"(개역개정판에는 "막는"으로 번역되어 있다─옮긴이) 일*로서, 고의적인 무지*이다. 우리가 우상을 숭배하게 되는 이유는 하나님께 경배하기를 원하지 않기 때문이다. 그리고 이 같은 억압은

---

* **진리를 억압하는 일**(Suppression of the Truth): 참된 것을 믿지 않겠다는 자발적인 결정.

우리는 모두 철학자입니다

우리의 도덕적인 행실까지도 부패시키게 된다. 바울에 따르면 고의적인 불신앙의 첫 번째 결과는 우상숭배이고, 그다음에는 성적인 타락이며, 뒤이어 온갖 다른 종류의 죄들이 따라오게 된다.

이 점을 생각할 때 우리는 철학을 이전과는 다른 빛에서 이해할 수 있다. 그리고 우리 모두가 철학자들인 한 우리 자신에 대한 이해 역시 달라진다. 그리스인들과 많은 비그리스도인들이 여러 세기에 걸쳐 수행해 온 철학 작업은 이 세계의 경이로운 신비들을 탐구하려는 어린아이의 순수한 호기심에서 나온 것이 아니었다. 오히려 그 작업 안에 담긴 것은 아담과 하와의 죄책이었다. 곧 하나님의 명령을 어기기로 결심한 뒤에 그분의 시선을 피해 벗어나려 했던 그들의 태도가 그 속에 담겨 있었던 것이다.

만일 철학자들이 진정으로 하나님을 찾고자 했다면 그들은 멀지 않은 곳에서 그분을 만날 수 있었을 것이다. 이 세상 속에서 하나님을 발견하는 일은 어렵지 않으며 그 일에는 복잡한 논증이 요구되지 않는다. 지금 하나님은 우리에게 "분명히 보여 알려[지는]" 분으로 계시기 때문이다. 많은 사람들은 별들이 빛나는 밤하늘을 바라보거나 바다의 거대한 파도와 산들의 웅장한 위엄을 묵상하면서 그분의 실재에 압도되곤 한다. 심지어 우리는 자신의 모습을 진지하게 살피는 동안에도 하나님께로 가까이 다가가게 된다. 이는 우리가 그분의 형상으로 지음을 받았기 때문이다.

* **고의적인 무지**(Willful Ignorance): 진리를 억누르는 일. 그 원인은 우리가 거짓을 선호하는 데 있다.

사람이 무엇이기에 주께서 그를 생각하시며

인자가 무엇이기에 주께서 그를 돌보시나이까.

그를 하나님보다 조금 못하게 하시고

영화와 존귀로 관을 씌우셨나이다.

주의 손으로 만드신 것을 다스리게 하시고

만물을 그의 발 아래 두셨으니

곧 모든 소와 양과 들짐승이며

공중의 새와 바다의 물고기와 바닷길에 다니는 것이니이다(시 8:4-8).

이 모든 세계의 방대함은 하나님보다 더 낮은 수준의 존재에 의해 이 우주 또는 (만일 그런 것이 존재한다면) '다중 우주'가 설명될 수 있는 가능성을 논박하게 된다. 그리고 이 우주는 거시적인 수준뿐 아니라 미시적인 수준에서도 광대하다. 이는 우리가 미세한 입자들 안에 있는 더 작은 입자들을 관찰해 나가면서도 가장 작은 입자는 발견할 수 없는 데에서 나타나는 바와 같다(1장의 내용을 상기해 보라).

그리고 철학적 사유 자체의 경로를 생각해 보자. 우리는 철학자들이 그들 자신을 하나님 앞으로 인도해 줄 수도 있었을 문제들을 제기하는 것을 계속 관찰해 왔다. 하지만 그들은 불신앙 가운데서 그분의 진리를 억눌렀던 것이다. 나는 1장에서 '우주의 궁극적인 구성 요소'에 대한 탐구가 어떤 결론에도 도달하지 못하며, 결국 우리의 힘으로 헤아릴 수 없는 신비에 이르게 된다는 것을 주장했다. 그러므로 우주의 통일성이 (그 다양성과 함께) 삼위일체 하나님의 마음속에 존재하지 않는 한, 그 통일성은 다른 어디에서도 찾아볼 수 없게 된다. 그리고 이때 철학은 그저 하나의 비합리성으로 변질되고 마는 것이다.[1]

2장에서 나는 만일 인간의 선택에 궁극적인 원인이 없다면, 그 선택들은 불규칙하며 무의미한 것이 된다고 결론지었다. 이때 그 궁극적인 원인은 하나님이셔야만 하는데, 이는 오직 성경의 하나님만이 궁극적인 원인인 동시에 모든 일의 뜻과 의미를 결정하는 분이시기 때문이다.

3장에서 나는 자신의 도덕적 책임에 관한 지식을 갖지 못하는 한, 인간의 지식은 불가능한 것이 된다고 주장했다. 그러나 우리 자신의 감각과 이성만으로는 그 도덕적 책임을 파악할 수가 없다. 도덕적 책임은 오직 인격적 주체이신 분의 계시를 통해 주어지며, 그분은 우리의 지극한 충성과 경외와 사랑을 받으시기 합당한 분이시다. 이처럼 지식은 하나님과의 관계를 그 전제로 삼고 있다.

이제 5-7장에서 나는 도덕적 지식의 본성을 더 자세히 탐구하고자 한다. 그리고 하나님께서 우리가 지닌 도덕적 지식의 원천이실 뿐 아니라 그 지식을 거슬러 죄를 범한 우리를 그리스도의 대속을 통하여 구원해 주신다는 복된 소식 역시 살펴볼 것이다.

1 … 아리스토텔레스의 제일 동자는 성경의 하나님과 어떤 점에서 유사하고 또 어떤 점에서 다른가?

2 … 아리스토텔레스는 만일 신이 이 세계를 알거나 사랑한다면 "그 자신의 절대성이 손상되고 말 것"이라고 여겼다. 그가 이같이 생각했던 이유는 무엇인가?

3 … "철학은 신에게로 나아가는 길을 찾고자 한다." 이 진술이 사실임을 보여주는 증거로는 어떤 것들이 있는가? 이 학문을 하나님 앞으로 인도해 가는 것은 어떤 철학적 문제들인가?

4 … 로마서 1장에서 (1) 진리를 억압하는 일과 (2) 우상숭배와 (3) 성적인 죄와 (4) 다른 죄들 사이에 어떤 관계가 나타나는지를 서술해 보라.

5 … "……철학 작업은 이 세계의 경이로운 신비들을 탐구하려는 어린아이의 순수한 호기심에서 나온 것이 아니었다." 그렇다면 그 작업은 어떤 성격을 지니는가? 설명해 보라.

6 … 하나님은 어떤 식으로 우리에게 "분명히 보여 알려[지는]" 분이신가? 그분의 존재가 우리에게 계시되는 일부 상황들을 언급해 보라.

7 … 이 책의 1-3장에서 언급된 하나님의 존재에 대한 증거들을 요약해 보라.

5. 나는 어떻게 살아야 하는가

윤리학* 역시 철학의 한 부분이다. 탈레스를 비롯한 최초의 그리스 철학자들은 주로 이 세계의 물질적인 구조에 관심을 두었다. 그러나 헤라클레이토스의 경우, 그리고 특히 플라톤과 아리스토텔레스의 경우에 사람들은 철학자들에게서 올바르게 사는 방법을 배우고자 했다.

지금까지 우리는 철학의 다른 분과들에서 어떻게 윤리를 그 전제로 삼는지를 살펴보았다. 3장에서 나는 사실들에 관한 지식이 도덕적 의무들에 관한 지식을 그 전제로 삼는다고 주장했다. 우리가 무언가를 알기 위해서는 우리가 인정할 의무가 있는 사실들이 어떤 것들인지를 알아야 하는데, 이는 하나의 도덕적인 의무가 된다. 또한 3장과 4장에서 나는 도덕적인 의무 자체가 하나님

* **윤리학**(Ethics): 마땅한 삶의 방식에 관한 탐구.

의 존재를 그 전제로 삼는다는 점을 주장했는데, 이는 도덕적인 의무의 조성자 자신이 도덕적 성품을 지닌 인격적인 존재여야만 하기 때문이다.

이 장에서 나는 도덕적 의무를 더 자세히 살피고자 한다. 철학자들은 대개 세 종류의 일반적인 윤리 이론 중 하나를 제시해 왔으며, 때로는 이 이론들 중 두 가지를 (드물게는 세 가지 모두를) 서로 결합시키기도 했다.

목적론적 윤리*

목적론적 윤리(이것의 현대적인 변형으로는 공리주의가 있다)에서 인간의 행동은 하나의 목표, 곧 '텔로스'telos를 성취하기를 추구한다. 그 목표는 대개 (아리스토텔레스의 경우처럼) **행복***에 놓이며, 에피쿠로스 같은 일부 철학자들은 행복을 **쾌락***으로 간주했다('쾌락주의'*라는 이름은 여기서 유래했다). 다만 여기서 '쾌락'이라는 표현 자체에 대해 추가적인 정의가 필요하다. 키레네학파는 다른 이들이 상당히 저속하다고 여길 법한 의미로 '쾌락'을 이해했다. 곧 맛

- **목적론적 윤리**(Teleological Ethics): 인간적인 삶의 목표를 성취하는 일에 기반을 둔 윤리. 대개는 행복이나 쾌락이 그 목표가 된다.
- **행복**(Happiness): 자신의 삶에서 이루어지는 일들에 대한 만족감.
- **쾌락**(Pleasure): 행복과 유사한 뜻을 지닌 단어로서, 대개는 신체적인 감각을 즐기는 일에 초점을 둔다(다만 항상 그러한 것은 아니다).
- **쾌락주의**(Hedonism): 쾌락의 충족에 초점을 두는 윤리관.

있는 음식을 먹거나 성적인 자극을 받을 때 느끼는 감각적인 즐거움이 바로 그것이다. 하지만 에피쿠로스나 특히 아리스토텔레스의 경우에는 쾌락 또는 행복이 그보다 훨씬 더 세련된 성격을 지닌다고 여겼다. 이 사상가들은 때로는 더욱 오래 지속되는 즐거움을 얻기 위해 즉각적인 쾌락을 포기해야 한다는 점을 이해하고 있었다. 예컨대 철학적인 깨달음에 도달하는 것 같은 일이 그 오래 지속되는 즐거움에 해당한다.

하지만 그때에 인식론적인 질문들이 개입하게 된다. 우리는 어떤 마음의 상태가 추구할 만한 목표인지를 어떻게 알 수 있는가? 어떤 쾌락이 추구할 만한 것이며, 어떤 쾌락은 회피하는 것이 옳은지를 누가 말해 줄 것인가? 또 공동체 윤리의 경우에는 어떤가? 다른 사람들의 삶이나 그들의 쾌락과 행복에 관해서는 어떤 식으로 고려하는 것이 옳은가? 한 가지 쾌락이 다른 쾌락과 충돌할 경우(바닐라맛 대 초콜릿맛에서 직업 대 자녀 양육에 이르기까지)에는 어떻게 해야 하는가? 만일 다른 누군가를 위해 나 자신의 쾌락, 심지어는 내 생명을 희생해야만 할 것처럼 보이는 경우에는 어떻게 할 것인가?

목적론적 윤리를 주장하는 이들은 종종 그것이 가장 단순한 종류의 윤리임을 자랑한다. 사람들은 행복을 추구하면서도 자신이 이를 추구하는 이유에 관해서는 거의 생각해 보지 않는다. 그러므로 목적론적인 윤리에서는 기본적으로 사람들을 향해 지금 하고 있는 일을 계속 수행할 것을 권한다. 그리고 목적론적인 윤리에서는 우리가 3장에서 논의했던 난감한 문제, 곧 '-이다'를 '-해야 한다'에 어떻게 연관 지을 것인가 하는 문제를 회피할 수 있는 것으로 보인다. 이 목적론을 토대로 삼을 경우에 윤리적인 문제들은 단순히 '-이다'에 연관된 질문, 곧 사실에 관한 질문들로 여겨진다. 그 질문들은 이러하다. '이 행동의 방침은 다른 방침들보다 나를 더 행복하게 만드는가? 만약 그렇다면, 내가 그 행복을 성취할 수 있는 방편은 무엇인가?'[1]

하지만 대개 사실적인 정보들은 한 가지 쾌락이 다른 쾌락과 충돌하는 것으로 보이는 난해한 영역들에서 결정적인 효력을 지니지 않는 경우가 많다. 그리고 우리의 인생에서 외관상 단순해 보이는 목표들을 추구하는 가운데서도, 과연 이 단순한 목표들이 우리가 **마땅히** 추구해야 할 목표인지에 관해 의문이 제기되기 마련이다. 앞서 보았듯이 우리는 사실에 대한 판단들로부터 윤리적인 '당위성'을 이끌어낼 수가 없다. 그러나 목적론적인 윤리에서 다루는 주제들은 오직 그 사실에 대한 판단들뿐인 것으로 보인다.

목적론적인 윤리에서는 기껏해야 그 '당위'를 하나의 당연한 전제로 받아들일 뿐이다. 곧 우리가 마땅히 행복을 추구해야 함을 누구나 다 알고 있다고 여기는 것이다. 이 윤리관에서는 오직 행복만이 그 자체로 선한 것이라고 상정한다. 하지만 우리 중 많은 이들은 그런 전제에 동의할 수 없다.

의무론적 윤리[*]

따라서 다른 철학자들은 윤리가 실제로 우리의 '당위' 또는 의무, 우리의 책임에 관한 것이라고 주장해 왔다. 여기서 '의무론적'deontological 이라는 단어는 그리스어 '데오'deo 에서 유래한 것으로, '빚지다', '-할 의무가 있다', '-해야 한다'라는 의미이다.

플라톤의 윤리는 복잡하지만, 나는 그가 기본적으로 의무론자였다고 생각한다. 이는 그가 자신의 '형상들'을 하나의 **기준**, 곧 눈에 보이는 이 세계가 그 수준까지 부응할 필요가 있는 하나의 표준으로 여겼기 때문이다. 현대의 의무론은 임마누엘 칸트에게 많은 것을 빚지고 있다. 그의 윤리는 정언 명령categorical imperatives[*]들에 기초를 두고 있는데, 이 정언 명령은 우리가 무조건적으로 따라야만 하는 명령을 가리킨다. 칸트는 목적론적인 전통의 반대자였다. 그의 입장에서 볼 때 윤리적인 명령들은 대개 우리 자신의 이익, 곧 즐겁고 유용한 일에 대한 우리의 판단과 충돌하는 것이었다.

하지만 의무론적인 윤리가 지닌 문제는 대개 우리가 실제로 지닌 의무들이 무엇인지를 진술해 보려고 할 때 생겨난다. 칸트는 우리가 몇 가지 명백한 공리들, 이를테면 일종의 황금률 같은 공리들로부터 논리적인 추론을 통해 그 의무들을 이끌어 낼 수 있

---

* **의무론적 윤리**(Deontological Ethics): 우리의 행동이 규범과 명령, 또는 의무들에 의해 결정되어야 한다고 가르치는 윤리.
* **정언 명령**(Categorical Imperatives, 임마누엘 칸트): 무조건적인 윤리적 요구.

다고 여겼다. 그러나 다른 철학자들은 이 공리들과 더불어 칸트가
그로부터 이끌어 낸 추론들에 관해 의문을 제기해 왔다.

실존주의 윤리*

그러므로 많은 이들은 윤리의 정언 규범들을 권위 있게 확증하려
는 시도를 포기하고, 대신에 대부분의 사람들이 더욱 선호하는 다
른 길로 되돌아갔다. 곧 무엇이든지 자기가 원하는 대로 행동하는
삶의 방식으로서, 이를 좀 더 철학적으로 표현하면 그들은 자신의
주체성을 유일한 윤리적 안내자로 삼고 따른다. 그들은 어떤 사람
이나 원리가 우리에게 삶의 방식을 지시할 권한을 지닌다는 모든
주장을 경멸한다.

    이 문제에 관련해서 어떤 실존주의자들은 또 다른 강조점들
을 제시해 보려 했다. 장 폴 사르트르는 우리가 진정성 있게 살아
야 한다고 주장했다.* 이는 곧 우리가 정직하게 자신의 참된 자아
를 드러내면서 살아가야 한다는 것이다. 그런데 이 진정성과 정직
함에 대한 호소는 어디에서 유래하는 것인가? 만일 주체성이 우
리의 유일한 안내자라면, 우리가 진정한 존재가 되어야 할 의무를

* **실존주의 윤리**(Existential Ethics): 우리 자신의 성향이 가장 신뢰할 만한 윤리적 안
내자가 된다고 보는 견해. 이 관점에서는 우리가 모든 행위에 있어서 자신의 주
관적인 성향을 외적으로 표현해야 한다고 여긴다.
* **진정한 실존**(Authentic Existence, 장 폴 사르트르, 실존주의): 우리 자신의 참된 본성
을 숨기지 않는 삶.

지니는 이유는 무엇일까? 그리고 우리 가운데서 자신에 대해 가장 진정성 있고 정직한 이들이 다른 누군가인 양 가장하고 있을 때에는 어떻게 해야 하는가? 또한 내가 품은 갈망들이 서로 충돌할 경우에 그중 어느 것이 진정한 갈망인지를 어떻게 알 수 있는가?

결국 실존주의자들은 의무론, 곧 우리 위에 존재하면서 우리의 참된 자아가 어떠해야 하는지를 규정해 주는 규범들에 호소하지 않고서는 자신들의 주장을 전개할 수 없는 것으로 보인다. 그리고 의무론자들과 목적론자들의 경우에는 자신들이 주장하는 의무와 쾌락들을 옹호하는 데 너무나 빈약한 모습을 보이며, 이에 따라 그들의 윤리는 실존적인 주관주의로 변질되고 만다. 또한 주관주의 역시 서투르게 위장된 형태의 의무론과 목적론으로 축소된다고 할 수 있다.

성경의 유신론

이런 혼란은 왜 일어나는 것인가? 여기서 나는 다시 위의 생각들과는 매우 다른 세계관, 곧 성경의 유신론에 의지해서 설명해 보려 한다. 성경에 따르면 하나님은 인류가 지음 받은 목적과 그분 자신의 윤리적인 명령들, 그리고 인간의 주체성을 세심하게 조정해서 이 셋이 서로 잘 협력하게 하신다. 우리는 다음과 같이 질문할 수 있다. "무엇이 우리에게 가장 큰 행복을 가져다 줄 수 있는가?" "최상의 권위를 지닌 이가 명령하는 의무들은 무엇인가?"

"나의 내면적인 주체성에 가장 잘 들어맞는 일은 어떤 것인가?" 그리고 그 질문들의 답은 모두 동일한 지점을 가리키게 된다. 이는 성경의 세계관 안에서 목적론과 의무론, 실존주의가 하나로 결합되기 때문이다. 이 세 입장은 윤리에 대한 세 가지 관점과 서로 다른 세 가지 강조점, 그리고 우리가 처음에 내린 판단을 검토하고 조율할 세 가지 방편을 제공한다. 하지만 결론적으로 이 입장들은 하나님의 계시에 속한 동일한 윤리적 원리들을 세 가지 각도에서 바라본 관점들일 뿐이다.

성경적인 목적론에 따르면, 우리는 자신이 행하는 모든 일에서 하나님의 영광을 목표로 삼아 추구해야 한다(고전 10:31). 이처럼 하나님을 영화롭게 할 때 우리는 행복과 더불어 기쁨까지 발견하게 된다. 그러므로 우리는 하나님의 나라와 그분의 의를 추구하며(마 6:33), 그렇게 할 때 다른 모든 복이 우리에게 더해질 것을 안다.

성경적인 의무론에 따르면, 우리는 하나님의 명령들에 순종해야 한다. 이 명령들 가운데는 온 마음을 다하여 하나님을 사랑하며 이웃을 우리 자신처럼 사랑하라는 두 가지 큰 계명*(마 22:37-40)과, 이 계명들을 다양한 상황에 관해 적용한 여러 명령들이 포함된다(이 명령들은 성경 전체에 걸쳐 나타나고 있다). 그중에서 특히 주목할 만한 일군의 명령들로는 십계명이 있다(출 20:1-17, 신 5:6-21).[2]

* **큰 계명**(Great Commandments): 마태복음 22:37-40에 기록된 것으로, 온 마음을 다해 하나님을 사랑하며 이웃을 우리 자신처럼 사랑하라는 계명.

참되신 하나님께만 경배하고, 그분 앞에 아무것도 두지 말라.

너 자신의 상상력과 기술을 좇아 경배하지 말라.

하나님을 경외하는 태도로 그분에 관해 언급하라.

매주의 안식일마다 휴식하라.

너의 부모님과 다른 권위 있는 분들을 공경하라.

살인하지 말고, 인간의 생명을 깊이 존중하라.

간음하지 말라.

도둑질하지 말라.

누군가에게 해를 끼치기 위해 다른 이들을 속이지 말라.

너에게 허용되지 않은 것들에 관해서는 갈망조차 품지 말라.

성경의 실존주의적인 윤리에 따르면 우리는 자신의 마음에 초점을 두게 된다. 이는 예수님이 산상수훈에서 명하신 일과 마찬가지이다. 이 설교에서 예수님은 만일 우리가 진실로 여섯 번째 계명을 지키기 원한다면 우리 마음속의 분노를 해결해야만 한다는 점을 가르치셨다(마 5:21-26). 또한 주님은 우리가 간음을 경계하기 원한다면 우리의 마음 자체가 정욕으로부터 깨끗하게 되어야 한다고 권면하셨다(마 5:27-30).

이 같은 성경의 윤리관에서는 인간의 행복, 규범적인 원칙들, 그리고 주관적인 진정성 사이에 긴장이 존재하지 않는다. 이는 하나님이 세 영역 모두를 주권적으로 다스리시기 때문이다. 하나님은 인류의 역사를 주관하시며, 이를 통해 그분의 영광을 구하는 이들이 여러 우여곡절을 이겨내고 마침내 복을 누리게 하신다. 또 하나님은 그분 자신을 영화롭게 할 원리들을 우리에게 명령하시며, 우리를 그러한 방식으로 창조하심으로써 우리가 그분의 영광을 위해 살아가게 하셨다.[3]

그리고 우리는 세속 철학자들이 늘 제자리를 맴도는 모습을 보게 된다. 그들은 성경의 하나님이 주신 계시를 받아들이기를 거부한다. 그에 따라 인간적인 목표들을 절대화했다가 그다음에는 어떤 원칙들을 절대화하고, 그 후에는 주관적인 느낌들을 절대화하는 것이다. 그렇게 하고서는 또다시 이러한 것들을 반복하곤 한다. 이처럼 세속 철학에서는 마땅한 삶의 방식에 관해 아무 확신을 발견하지 못한다. 물론 위에서 언급한 세 가지 주된 사상의 흐름에 속한 철학자들이 각기 진리의 일부분을 발견한 것은 사실이다. 이는 우리의 윤리적 탐구 과정에서 숙고해 볼 필요가 있는 세 가지 요소를 그들이 구별해 냈다는 점에서 그러하다. 하지만 이 요소들은 삼위로 존재하시는 하나님의 다스리심 아래서 마침내 서로 간의 일관성을 발견하기 전까지는 주도적인 지위를 놓고 늘 충돌하게 될 것이다.

또한 앞서 보았듯이 윤리적인 일관성은 인식론적인 일관성 (3장)과 형이상학적인 세계에 대한 우리의 사유가 지닌 일관성 (1장), 그리고 우리 자신의 본성에 대한 사유의 일관성(2장)을 가져오게 된다. 이 모든 탐구들이 하나님 안에서 그 사유의 통일성을 발견한다는 사실은 그분의 존재하심에 관한 앞선 4장의 논증

을 옹호해 준다. 왜냐하면 하나님이 존재하시지 않을 경우, 우리
는 다른 어떤 것에 관해서도 이해 가능한 말로 표현할 수 없게 되
기 때문이다.

1 ⋯ 목적론적 윤리는 때로 가장 단순한 형태의 윤리로 간주된다. 하지만 그 윤리의 단순한 성격을 종종 복잡하게 만드는 문제들로는 어떤 종류의 것들이 있는가?

2 ⋯ 의무론적 윤리의 주된 문제점은 무엇인가?

3 ⋯ 실존주의 윤리의 주된 문제점은 무엇인가?

4 ⋯ 성경의 유신론은 목적론과 의무론, 실존주의의 입장에 대해 어떻게 응답하는가?

5 ⋯ 성경적인 목적론과 의무론, 실존주의가 우리의 삶을 어떻게 다스려야 옳은지를 서술해 보라.

6 ⋯ "만약 하나님이 존재하시지 않을 경우, 우리는 다른 어떤 것에 관해서도 이해 가능한 말로 표현할 수 없게 [된다]." 우리의 윤리는 어떤 방식으로 하나님의 존재에 대한 믿음을 그 전제로 삼고 있는가?

6. 내가 지닌 권리들은 무엇인가

이 장에서는 윤리에 관한 논의를 이어가려 한다. 앞선 5장에서 나는 의무의 관점에서 윤리를 논한 바 있다. 하지만 우리는 이와 다소 다른 관점에서, 곧 권리*의 관점에서 삶의 방식을 논의하기도 한다. 일반적으로 의무는 내가 다른 이들에게 빚지고 있는 무언가를 의미한다. 이에 반해 권리는 다른 이들이 내게 빚지고 있는 무언가를 가리킨다. 그러므로 권리와 의무는 서로 대등한 관계에 놓인다. 만일 내가 음식을 먹고 마실 권리를 지닌다면, 다른 누군가는 그 먹고 마실 음식을 내게 공급할 의무를 가진다. 또 내가 교육을 받을 권리를 지닌다면, 다른 누군가는 나를 가르쳐 주어야 할 의무를 지닌다. 그리고 내 이웃이 존중받을 권리를 지닌다면, 나는 그를 존중할 의무를 가지는 것이다.

• **권리**(Rights): 다른 이들이 내게 공급해 줄 의무를 지니는 일들.

이런 권리의 어법은 서구의 철학과 정치 담론에서 중요한 역할을 담당해 왔다. 존 로크는 우리 모두가 본성적으로 지니는 핵심 권리로서 "생명, 자유, 재산"을 언급한 바 있다. 미국 독립 선언문에서는 로크의 이 말을 인용하면서, 로크의 '재산' 대신에 '행복 추구'를 제시하고 있다. 위에서 보았듯이 누군가가 지닌 권리들은 다른 누군가가 지닌 의무들을 그 전제로 한다. 그러므로 로크나 미국 건국자들의 경우, 정부는 이런 권리들이 행사되는 것을 보장하기 위해 존재한다.

그러나 우리가 지닌 권리가 어떤 것들인지에 관해 모든 이들의 의견이 명백히 일치하는 것은 아니다. 예를 들어 미국의 정치권에서는 의료 혜택이 하나의 권리인지, 또는 일종의 특권인지를 두고 많은 논쟁을 벌여왔다.(전자의 경우에는 모든 사람이 요구할 수 있는 권리가 되지만, 후자의 경우에는 그 일에 요구되는 금액을 지불할 수 있는 사람만이 누리는 특권이 된다―옮긴이). 물론 여기서 문제가 되는 것은 의료 혜택이 하나의 권리라면, 누군가는 그것을 제공할 의무를 지녀야 한다는 점에 있다. 그리고 이 사안을 둘러싼 논쟁에서 대개 그 공급자는 정부인 것으로 간주되어 왔다.

1948년에 유엔은 세계 인권 선언문을 공표했다. 이 선언문에서 열거된 권리 중 대부분은 논란의 여지가 없이 받아들여졌지만, 그중 일부는 논쟁적인 토론의 대상이 되었다. 예를 들어 25조에서는 이렇게 언급하고 있다.

모든 사람은 의식주, 의료 및 필요한 사회 복지를 포함하여 자신과 가족의 건강과 안녕에 적합한 생활수준을 누릴 권리와, 실업, 질병, 장애, 배우자 사망, 노령 또는 기타 불가항력적인 상황으로 인한 생계 결핍의 경우에 보호를 받을 권리를 가진다.

이어 이 문서에서는 우리가 교육을 받을 권리(26조)와 예술을 향유할 권리를 지님(27조)을 선언하고 있다.

이 선언문은 내가 위에서 주장한 것과 마찬가지로 누군가의 권리는 다른 누군가의 의무를 수반한다는 점에 동의하고 있다. 이 선언문의 서문에서는 이렇게 언급한다. "국제 공동체는 이런 권리들을 지지하고 옹호할 의무를 지닌다." 그리고 28조에서는 이렇게 공표하고 있다.

모든 사람에게는 이 선언에 규정된 권리와 자유를 완전히 누릴 수 있는 자격이 사회적, 국제적 질서에 의해 주어진다.

이 선언문에서는 확실히 각 나라들을 향해 모든 사람에게 의료와 음식, 주거 등을 공급하는 정부의 수립을 요구하는 하나의 세계 질서를 그려 보이고 있다. 이런 권리들은 각 사회에 엄청난 비용을 부과하게 되는데, 아마 이 선언문의 작성자들은 각 나라들이 사회주의˚ 체제를 건립함으로써 이 비용을 감당해야 한다고 여겼을 것이다.

하지만 사회주의 체제가 구소련이나 쿠바와 베네수엘라, 북

한 등의 현대 국가들에서 실제로 시행되었을 때, 그 체제는 각 나라의 번영과 그 국민들의 자유뿐 아니라 다른 나라들의 안전까지 위협하는 것이 되었다.

어쩌면 일부 권리들은 다른 권리들을 위태롭게 만드는 것일지도 모른다. 음식과 의료, 교육 등에 대한 권리를 보장하기 위한 우리의 노력들은 사회적인 안정과 개인의 자유를 소멸시키는 결과로 이어질 수 있다. 그런데 이런 안정과 자유 역시 권리임에는 재론의 여지가 없다. 그리고 예를 들어 의료가 하나의 권리임을 인정하는 경우에도, 더 나은 의료 혜택을 제공하는 것은 사회주의 정부가 아닌 자유 기업 경제 체제가 될 수 있다.

그러나 이런 사안들은 복잡한 성격을 지닌다. 대부분의 철학 논쟁들에서와 마찬가지로 이 문제에 관해서도 그 해결책이 제시될 수 있을지는 불분명하다. 논쟁에 참여하는 각 사람들은 자신의 고유한 가치관과 세계관을 그 전제로 삼고 있으며, 대부분의 경우에는 어느 누구도 다른 이들의 말에 귀 기울이지 않는 것으로 보인다.

권리에 관한 성경의 가르침

우리는 앞선 장들에서 다른 방식으로는 풀리지 않는 논쟁들의 해

- **사회주의**(Socialism): 정부가 '요람에서 무덤까지' 국민들의 복지에 대해 책임을 지는 정치 체제. (참고. 공산주의[Communism]: 정부가 모든 생산의 수단을 소유하며 인간적인 삶의 모든 영역에 대해 권위를 지니는 정치 체제.)

결에 성경이 도움을 준다는 점을 살펴보았다. 비록 단번에 그런 해결책을 떠올리기는 쉽지 않겠지만, 나는 권리에 대한 논의에서도 성경을 통한 해답이 가능하다고 믿는다. 그 해결의 열쇠는 바로 권리와 의무의 서로 대등한 관계를 다시 인식하는 데 있다. 성경에서는 권리에 관해 많은 것을 언급하지 않지만, 의무에 관해서는 많은 가르침을 제시하고 있다. 그러므로 권리에 관한 성경의 가르침을 진술하기 위해서는 그와 관련된 의무에 관한 가르침을 거꾸로 뒤집어서 살피기만 하면 된다.

예를 들어 살펴보자. 만약 우리에게 온 마음을 다해 하나님을 사랑하며 이웃을 우리 자신처럼 사랑할 의무가 있다면, 이는 곧 하나님께는 유일한 예배의 대상이 되실 **권리**가 있으며 우리의 이웃들에게는 우리 자신과 동등하게 사랑을 받을 **권리**가 있다는 말이 된다. 그리고 우리에게 부모님을 공경할 의무가 있다면(이는 실제로 그러하다), 우리의 부모님은 우리에게 공경을 받으실 **권리**를 가지시는 것이다. 또 만일 우리에게 다른 이들의 삶을 존중할 의무가 있다면, 다른 이들은 우리에게 자신들의 삶을 존중하도록 요구할 **권리**를 지니게 된다.

이처럼 성경의 모든 규범은 권리에 관한 가르침으로 변형될 수 있다.

하지만 여기서 주의해야 할 위험성이 있다. 권리의 어법을 사용할 때, 우리는 흔히 항의자의 입장을 취하면서 다른 이들에게 무언가를 요구하게 된다. 예를 들어 자신에게 합당한 (또는 그렇다고 믿는) 존경이나 존중을 받지 못할 경우, 우리는 이에 관해 불만과 이의를 제기한다. 물론 이 일이 늘 그릇된 것만은 아니다. 한번은 로마의 군인들이 사도 바울에게 채찍질을 가하려고 준비하고 있었을 때, 바울은 자신이 로마 시민임을 들어 그 형벌의 불법성을 항변했다(행 22:22-29). 그는 자신의 권리를 주장했으며, 이 경우에 그것은 그런 형벌을 면제받을 권리였다. 이러한 바울의 권리주장은 그릇된 것이 아니었다. 그것은 정당한 항변이었으며 이를 통해 바울은 하나님이 주신 사역을 덜 고통스럽게 수행해 나갈 수 있었다.

고린도전서 9:4-6에서 바울은 고린도 교회를 향해 자신에게 먹고 마시는 일과 혼인의 유익을 누릴 권리가 있음을 언급했다. (이를 달리 표현하면, 그는 고린도 교회가 마땅히 자신에게 음식을 공급해 주었어야 했다는 점과 자신의 선교 여행에 아내를 함께 데리고 다닐 수 있을 정도로 충분한 환대를 베풀어 주었어야 했다는 점을 지적하고 있다.) 여기서도 바울의 입장은 그릇된 것이 아니다. 그는 영감받은 사도이며 우리는 자신의 권리에 관한 그의 이야기를 신뢰할 수 있다. 그러나 사도행전 22:22-29의 경우와 달리, 이 본문에 담긴 것은 단순히 그 자신의 권리를 주장하는 내용이 아니다. 이는 고린도전서 9장의 경우에 바울은 그것보다 더 폭넓은 요점, 곧 자신의 사명을 이행하기 위해 자신의 권리들을 **포기한다는** 점을 제시하는 데에 주로 관심을 두고 있기 때문이다. 바울에게는 그 교회사람들이 가진 음식을 공유할 권리가 있었지만, 그는 그 권리를 포기하고 장막 만드는 일을 통해 스스로 생계를 유지하는 길을 택했다. 또 교회에 부담을 주지 않기 위해 배우자를 데리고 다니지 않기로 결단했던 것이다.

그리고 바울의 배후에는 예수님이 계신다. 예수님은 그 어떤 사람도 받아서는 안 될 대우를 받으시고 끔찍한 죽음을 당하셨다. 분명히 예수님께서는 더 나은 대우를 받으실 권리가 있었지만, 그분은 그 권리를 내려놓으셨다. 이에 관해 베드로는 이렇게 언급한다.

> 욕을 당하시되 맞대어 욕하지 아니하시고 고난을 당하시되 위협하지 아니하시고 오직 공의로 심판하시는 이에게 부탁하시며(벧전 2:23).

그리고 바울은 이런 구주의 모습을 본받았다.

> 바로 이 시각까지 우리가 주리고 목마르며 헐벗고 매 맞으며 정처가 없고 또 수고하여 친히 손으로 일을 하며 모욕을 당한즉 축복하고 박해를 받은즉 참고(고전 4:11-12).

때로는 부당한 대우에 항의를 제기하고 우리 자신의 권리를 찾는 것이 적절할 때도 있지만, 더 많은 경우에 십자가의 길은 우리 신자들을 향해 하나님과 다른 이들을 섬기려는 마음으로 자신의 권리들을 내려놓을 것을 요구하곤 한다.

이같이 우리가 권리에 대한 성경적 가르침을 진술하기 위해서는 수행해야 할 과업들이 많다. (1) 권리에 대한 성경의 가르침은 의무에 대한 그 가르침만큼이나 방대하다. 실제로 이 둘 중 하나는 다른 하나로 치환될 수 있다. 따라서 권리에 대한 우리의 가르침은 윤리에 대한 전통적인 가르침만큼이나 광범위하고 포괄적이며 깊이가 있어야 한다. (2) 권리에 대한 우리의 성경적 가르침이 신뢰할 만한 것이 되기 위해서는, 우리가 부당한 대우에 항의해야 할 때는 언제이며 "불의를 당하는" 일과 심지어 "속는" 일까지 감수해야 할 때(고전 6:7)는 언제인지에 관한 질문을 탐구해야 한다.[1]

신학자들과 철학자들은 모두 인간이 지닌 권리들의 목록이 명백히 규정될 수 있다고 간주하는 경향을 보인다(그 가운데는 부당한 대우에 항의할 권리 역시 포함된다). 하지만 실은 그렇지 않다. 그 권리들의 목록은 여러 세대에 걸쳐 모든 문화권 가운데서 공통적으로 인정된 것은 아니었다. 그렇다면 현대의 서구인들이 명백한 권리로 여기는 것들을 가지고서 다른 문화권들을 판단하는 기준으로 삼아야 할 이유는 무엇인가? 다른 사안들처럼 여기서도 성경의 계시는 권리에 관한 문제들을 해결할 수 있는 유일한 소망을 우리에게 준다. 하지만 우리는 자신의 권리들을 주장하기에 급급한 나머지, 우리 자신이 지닌 권리가 실제로 어떤 것들인지를 확인해 보는 수고를 건너뛸 때가 너무 많다. 그리고 우리는 자신의 권리를 주장할 때는 언제이며 그 권리를 내려놓을 때는 언제인지를 헤아려 보는 수고 역시 회피하곤 한다. 하지만 앞장에서 보았듯이 우리 앞에 놓인 첫 번째 교훈은 온 마음을 다해 하나님을 사랑하고 이웃을 우리 자신처럼 사랑하는 법을 배우는 것이다. 우리가 이 교훈을 받아들일 때 모든 사람의 권리를 보장할 수 있으며, 때때로 자신에게 주어진 마땅한 권리마저도 내려놓는 사랑의 원리를 확립할 수 있다.

1 ⋯ "권리와 의무는 서로 대등한 관계에 놓인다." 이 문장의 의미를 설명하고 평가해 보라.

2 ⋯ 과연 우리는 생명과 자유, 재산과 행복 추구의 권리를 지니는가? 건강과 음식, 의복이나 주거에 대해서는 어떤가? 또한 의료 보장이나 어려운 상황 속에서의 보호, 교육과 예술을 향유하는 일 등에 대해서는 어떠한가? 각각의 권리들에 대해 찬성 또는 반대의 입장에서 토론해 보라.

3 ⋯ 프레임은 사회주의 체제를 택한 나라들의 경우, 대개 "각 나라의 번영과 그 국민들의 자유뿐 아니라 다른 나라들의 안전까지" 위험에 빠뜨리는 결과가 생겨났다고 이야기한다. 그는 이렇게 언급하면서 어떤 사례들을 염두에 두고 있는가? 그의 생각을 평가해 보라.

4 ⋯ 권리들에 관해 논의할 때 성경은 우리에게 어떤 유익을 주는가?

5 ⋯ 우리 자신의 권리를 주장하는 것은 옳은 일인가? 이 문제에 연관된 성경의 몇 가지 사례들을 언급해 보라.

6 ⋯ 우리는 어떤 종류의 상황들 가운데서 자신의 권리를 내려놓아야만 하는가? 몇 가지 사례를 제시해 보라.

7. 나는 어떻게 구원받을 수 있는가

신학의 경우와 달리, 철학서로 여겨지는 책들 가운데서 구원*에 관한 논의를 찾아보기는 다소 쉽지 않다. 하지만 철학자들은 선과 악을 이해하기 위해 많은 노력을 기울였으며, 그들은 이런 악의 존재가 인간과 사회들을 부패하게 만든다는 점을 지적해 왔다. 그 악을 어떻게 극복할지에 관해 철학자들이 할 수 있는 말은 훨씬 더 적었지만, 그중 일부는 이 문제의 해결책을 제안하기도 했다. 이 세상이 여러 의미에서 망가진 곳임을 고려한다면 철학자들은 이런 악의 문제를 벗어나거나 극복할 방법에 관한 질문을 다루어야 한다. 우리는 이 악을 벗어나거나 극복할 방편을 '구원'이라고 부른다.

현대의 서양 철학에서는 구원에 관해 직접적으로 많은 내용

---

* **구원**(Salvation): 악한 일과 그 결과들로부터 벗어나는 일.

을 언급하지 않는다. 하지만 이 철학 전통에서는 그와 다른 용어를 사용하면서 악을 벗어나거나 극복할 방법에 관해 탐구해 왔다. 그런 예로는 중세 철학자들의 신비주의나 스피노자의 '신에 대한 지적인 사랑', 헤겔의 '절대자와의 하나 됨'이나 마르크스가 주창한 '국가의 소멸'(사회주의의 이상이 실현됨에 따라 국가 제도가 사라지게 되리라는 개념―옮긴이) 등을 생각해 볼 수 있다.

특히 불교 철학은 이 악한 세계에서 구원을 얻을 방법을 찾는 데 깊이 몰두해 왔다. 이 전통에서는 이 세상에 고통이 가득함을 단언하는 '사성제'四聖諦, 인생이 지닌 고통의 원인과 소멸에 관한 네 가지 진리―옮긴이 와 그 고난에서 벗어나기 위한 '팔정도'八正道, 열반에 이르기 위한 여덟 가지 수행 방법―옮긴이를 제시한다. 불교도들에게 구원, 곧 탈출은 결국 존재 자체로부터 벗어나 일종의 무無 가운데로 들어가는 일이다. 그들은 이것을 '열반'Nirvana°이라고 부른다. 이 '열반'은 다른 식으로는 벗어날 수 없는 환생과 재탄생의 끝없는 반복에 종지부를 찍는 것이다. 불교의 경우에 이 반복은 축복이 아닌 저주인데, 이는 그것이 더 많고 다양한 종류의 고난 가운데로 다시 태어나는 일이기 때문이다.

서양에서도 이와 유사한 사상이 철학적 영지주의와 그 사촌지간인 (마찬가지로 기독교에 적대적인) 신플라톤주의 전통 가운데서 발전되었다. 그런데 신플라톤주의 사상가들은 자신들의 신비

• **열반**(Nirvana, 불교): 인생의 목적으로서, 지적이며 윤리적이고 영적인 수양을 통해 고통에서 벗어나는 행위이다(그리하여 이 세계의 존재 자체로부터 벗어나는 것이 그 목표가 된다).

주의를 기독교적인 용어로 표현함으로써 그들의 가르침에 담긴 실제 내용을 은폐하려 했다. 그리고 20세기에 와서는 일부 과정철학자들이 불교의 가르침들을 받아들이고 그 내용을 자신들의 범재신론적인 형이상학 가운데 통합시켰다.

하지만 불교는 하나의 막다른 골목이다. 그리스인들이 존재와 비존재를 뒤섞음으로써 철학에 모순을 가져왔던 것처럼(이 책의 1장을 보라), 불교 역시 실질적으로는 존재의 멸절을 더 우월한 형태의 존재 또는 인간의 구원으로 승격시키는 결과를 낳았다. 그러나 그런 구원의 약속은 우리가 신뢰할 만한 것이 될 수 없다.

실질적으로 불교에서는 우리 자신의 마음속에 있는 문제의 책임을 이 세상의 형이상학적인 구조, 곧 존재 일반을 향해 전가한다. 그리고 불교에서는 만일 우리가 존재를 거부하고 비존재를 받아들인다면 우리 안에 있는 악의 문제를 극복할 수 있는 것처럼 주장한다. 그러나 불교의 무無, 곧 '열반'이 어떤 의미를 지닌다면 그것은 또 다른 형태의 존재일 뿐이다. 그리고 '열반'이 존재라면 이 또한 악한 것, 곧 일종의 고난이 되어버린다. 반대로 만일 '열반'이 진실로 하나의 비존재라면, 그리스인들의 경우에 보았듯이 그것은 하나의 모순적인 개념이 되고 만다. 이는 곧 존재와의 대조가 없이는 비존재가 아무 의미를 지니지 않기 때문이다.

서양 철학 역시 선과 악에 관해 묵상하는 가운데서 해답이 없는 난처한 상황에 처해 왔다(이는 그 전통에 속한 형이상학과 인식론, 신학의 경우와 마찬가지이다). 인간의 마음을 포함한 이 세상은 악에 의해 부패한 상태이다. 만약 하나님이 존재하시며(4장) 선과 악에 관심을 두신다면(5-6장), 그리고 그분이 우리에게 선과 악을 구별할 힘을 주시는 유일한 분이라면(5장), 인간의 의도적인 악은 '죄', 곧 하나님을 향한 범죄가 된다. 언젠가 라인홀드 니부어가 언급한 바에 따르면, 원죄야말로 "경험적으로 유일하게 확증 가능한 기독교 신앙의 교리"이다.¹ 철학자들은 이 명백한 사실을 늘 인식했지만, 대부분의 경우에는 이 곤경에서 벗어날 길, 곧 무(無)를 지향하는 불교의 방식에 대한 대안을 우리에게 보여주지 못했거나 또는 그리하지 않으려 했다.

성경의 구원

여기서도 우리는 앞선 장들의 논의들과 동일하게 하나님의 계시에 의존해야만 한다. 선과 악의 문제는 우리의 철학적인 지혜의 수준을 훨씬 뛰어넘는 신비이다. 하지만 지혜로운 철학자는 자신이 어느 부분에서 도움을 필요로 하는지를 인식하게 될 것이다.

4장에서 나는 로마서 1:18-32에 관해 논의했다. 이 본문에서 바울은 하나님께서 자신을 우리에게 뚜렷이 드러내시며, 인간의 죄에 대한 그분의 진노 역시 명백히 계시된다는 점을 언급한다. 그런데 이것은 더욱 긴 논증의 일부분이다. 로마서 1장에서 바울은 이방인들, 때로 "헬라인"으로 지칭되는 그들을 논의의 대상으로 삼고 있다. 그리고 2장에서 그는 자신의 동족인 유대인들에게

로 그 초점을 돌리면서 그들 역시 이방인들보다 나을 것이 없음을
지적한다. 그런 다음에 3장에서 그는 자신의 논의를 일반화하여
온 인류가 정죄 아래 있음을 선포한다.

> 그러면 어떠하냐. 우리는 나으냐. 결코 아니라. 유대인이나 헬라인
> 이나 다 죄 아래에 있다고 우리가 이미 선언하였느니라. 기록된 바
> 의인은 없나니 하나도 없으며 깨닫는 자도 없고 하나님을 찾는 자
> 도 없고 다 치우쳐 함께 무익하게 되고 선을 행하는 자는 없나니 하
> 나도 없도다. 그들의 목구멍은 열린 무덤이요 그 혀로는 속임을 일
> 삼으며 그 입술에는 독사의 독이 있고 그 입에는 저주와 악독이 가
> 득하고 그 발은 피 흘리는 데 빠른지라. 파멸과 고생이 그 길에 있어
> 평강의 길을 알지 못하였고 그들의 눈앞에 하나님을 두려워함이 없
> 느니라 함과 같으니라. 우리가 알거니와 무릇 율법이 말하는 바는
> 율법 아래에 있는 자들에게 말하는 것이니 이는 모든 입을 막고 온
> 세상으로 하나님의 심판 아래에 있게 하려 함이라. 그러므로 율법
> 의 행위로 그의 앞에 의롭다 하심을 얻을 육체가 없나니 율법으로
> 는 죄를 깨달음이니라(롬 3:9-20).

이는 강력한 고발의 표현이며, 사람들은 그들 자신의 모습을 이렇
게 묘사하는 것에 대해 저항감을 갖는다. 하지만 우리는 자신의
마음과 행실 속에서 드러나는 원죄의 '경험적인 확증'에 주목할
필요가 있다. 만일 우리가 원죄 교리의 옳음을 인정한다면 우리는

우리는 모두 철학자입니다

구원을 간절히 바라며 부르짖게 될 것이다. 이는 존재 자체로부터의 구원이 아니라 우리 자신의 모습 속에서 발견하는 악으로부터의 구원이다.

그리고 바울은 주저함 없이 그 악에서 벗어나는 길, 곧 구원의 길을 제시한다.

> 이제는 율법 외에 하나님의 한 의가 나타났으니 율법과 선지자들에게 증거를 받은 것이라. 곧 예수 그리스도를 믿음으로 말미암아 모든 믿는 자에게 미치는 하나님의 의니 차별이 없느니라. 모든 사람이 죄를 범하였으매 하나님의 영광에 이르지 못하더니 그리스도 예수 안에 있는 속량으로 말미암아 하나님의 은혜로 값 없이 의롭다 하심을 얻은 자 되었느니라. 이 예수를 하나님이 그의 피로써 믿음으로 말미암는 화목제물로 세우셨으니 이는 하나님께서 길이 참으시는 중에 전에 지은 죄를 간과하심으로 자기의 의로우심을 나타내려 하심이니 곧 이 때에 자기의 의로우심을 나타내사 자기도 의로우시며 또한 예수 믿는 자를 의롭다 하려 하심이라(롬 3:21-26).

우리는 율법을 통해 자기 마음속의 악으로부터 구원을 받을 수 없다. 곧 선한 사람이 되고 나쁜 행동을 피하려 애쓰는 일을 통해 구원을 받을 수가 없다는 것이다(롬 3:21). 그런 행위를 통해 구원을 얻기에는 우리의 죄책이 너무 크다. 오히려 바울에 의하면 구원은 신앙, 곧 예수님을 믿는 일을 통해 우리에게 임한다(3:22). 예수님은 은혜로써 우리에게 구원을 베푸시며, 이 구원은 우리의 행위에 대한 삯이 아니라 하나의 선물로서 주어진다(3:24). 예수님이 그렇게 행하실 수 있는 것은 그분이 "속량"*을 이루셨기 때문이다(3:24). 예수님은 하나님의 진노를 대신 감당하기 위해 우리의 자리에서 자신의 피를 흘리셨다("화목*제물", 3:25). 그리고 그분의 대속으로 말미암아 의로우신 하나님은 우리의 과거와 현재, 미래의 죄들을 용서해 주신다(3:25-26).

하나님은 이런 방식으로 자신의 의로움을 드러내시는 동시에 그분 자신이 예수님을 믿는 이들을 의롭다 하시는 분임을 나타내셨다(롬 3:26). 우리가 알듯이 이런 맥락에서 하나님 자신의 의로움이 계속 도전의 대상이 되어 왔다. 사탄은 하나님이 죄의 책임을 지닌 이들을 정죄하지 않으시는 것에 관해 그분이 의롭지 못하다고 비난해 왔다. 이 점은 내가 2장에서 논한 바 있는 악의 문제를 제기한다. 하지만 그 장에서 살펴본 바와 같이 하나님의 계획 가운데는 악한 일들도 포함되어 있지만, 그분은 그런 일들이 선한 결과로 이어지도록 만드심으로써 자신의 옳음을 확증하신다. 곧 하나님은 그 악한 일들이 그분께서 이루시는 창조와 구속의 선한 계획들에 기여하도록 이끄시는 것이다. 그러므로 로마서

• **(성경의) 속량**(Redemption [in Scripture]): 예수님이 자신의 백성들을 대신해서 죽으신 일.
• **(성경의) 화목**(Propitiation [in Scripture]): 예수님이 죄인들을 하나님과 화목하게 만드시기 위해 십자가에서 자신을 희생하신 일.

3장에서도 하나님은 우리의 죄에 대한 형벌을 그리스도께 부과하심으로써 그 대가를 자신이 친히 담당하시고, 이를 통해 그분 자신의 의로움을 입증하신다. 그리스도는 우리의 죄에 대한 형벌을 온전히 짊어지셨는데, 이는 곧 우리 각 사람이 마땅히 받았어야 할 징벌이었다. 하나님이 이같이 자신의 의로움을 위엄 있게 확증하신 일을 통하여 죄인인 우리 모두를 향해 베푸시는 그분의 지극한 자비 또한 드러났다. 곧 그리스도 안에서 의와 화평이 서로 입맞추었던 것이다(시 85:10).

성경은 그리스도를 신뢰함으로써 영원한 구원을 얻으며 지금 이곳에서 풍성한 생명을 누리도록 우리를 초청한다(요 10:10). 철학자들도 이런 복들을 얻기 위해 노력해 왔지만, 그들은 자신들의 방식대로 그 복들을 요구했던 경우가 너무 많았다. 철학의 체계들을 주의 깊게 들여다볼 때, 우리는 그 체계들이 여러 어두운 길로 이어지며 마침내는 막다른 골목에 이르고 마는 것을 보게 된다. 하지만 그 각각의 길들 가운데는 명확한 표지판들이 세워져 있다. 이처럼 철학은 우리의 지성을 조명해 줄 수 있지만, 철학자들이 하나님의 계시를 외면하고 세속적인 대답들만을 허용할 때 그들의 철학은 실패하고 만다. 그러나 각각의 길들 가운데 세워져 있는 표지판들은 하나의 명백한 진리를 제시하고 있다. 이는 곧 하나님이 어디에서나 권위 있게 모든 일을 통제하시며, 그분의 크신 사랑으로 임재하신다는 것이다. 그분의 길은 우리로 하여금 예수님을 신뢰하고 의지하도록 인도한다.

1 ··· 구원에 관한 가르침을 체계화하려고 시도했던 서양 철학자들의 사례를 몇
가지 제시해 보라. 그리고 그들의 이론을 성경에서 언급되는 구원의 교리와
비교해 보라.

2 ··· 프레임에 따르면 "불교는 하나의 막다른 골목이다." 그 이유는 무엇인가?
그의 주장을 설명하고 평가해 보라.

3 ··· "실질적으로 불교에서는 우리 자신의 마음속에 있는 문제의 책임을 이 세
상의 형이상학적인 구조, 곧 존재 일반을 향해 전가한다." 이 진술의 내용을
설명하고 평가해 보라.

4 ··· 니부어에 의하면 원죄는 "경험적으로 유일하게 확증 가능한 기독교 신앙의
교리"이다. 이 주장의 내용을 설명하고 평가해 보라.

5 ··· 로마서 3장에서 바울은 우리의 죄악 된 상태를 근거로 하여 그리스도가 우
리에게 필요함을 논증하고 있다. 그 논증의 내용을 설명해 보라.

6 ··· 하나님이 그리스도의 십자가를 통해 자신의 의로움을 드러내는 동시에 그
분 자신이 예수님을 믿는 이들을 의롭다 하시는 분임을 나타내셨다는 말은
어떤 의미를 지니는가?

7 ··· 하나님께서 어떻게 온전한 공의와 온전한 자비를 동시에 베푸셨는지 서술
해 보라.

부록 | **철학적 주제에 관한 편지들**

아래의 편지들은『존 프레임의 신학 서한집』*The Theological Correspondence of John Frame*에서 발췌한 것들이다. 이 편지들을 선택한 이유는 그 내용이『우리는 모두 철학자입니다』에서 다룬 주제들과 연관성이 있기 때문이다. (이 책의 각 장에서 다룬 내용들을 상기시키기 위해 그 장의 소제목들을 제시했다.) 여기서는 그 편지들을 각 주제별로 분류했으며, 대다수 편지들의 앞부분에는 프레임 박사의 서론적인 언급이 포함되어 있다.

우리는 모두 철학자입니다

1. 만물은 무엇으로 이루어져 있는가

―――

탈레스의 형이상학적인 '물' · 아리스토텔레스의 존재와 무(無)

원자론 · 전체론 · 범신론 · 참되신 하나님

하나와 여럿의 문제

반 틸은 삼위일체 교리가 '하나와 여럿의 문제'the problem of the one and the many 에 답을 준다고 권면하곤 했다. 그런데 과연 이 문제는 무엇일까? 그리고 삼위일체적인 기독교는 이 문제에 어떻게 답을 주는 것일까? 어떤 이가 이를 질문했으며, 나는 이렇게 답했다.

○ 2009년 5월 4일 ○

J 씨에게

이것은 이해하기가 쉽지 않은 문제입니다. 저는 제가 쓴 책 『코넬리우스 반 틸』Cornelius Van Til 의 삼위일체를 논한 장에서 가장 자세히 그 문제를 살폈습니다. 물론 반 틸은 자신의 저서 가운데 여러 곳에서 이 사안을 다루었으며, 이는 그의 『변증학』The Defense of the Faith 이나 『기독교 변증』Christian Apologetics 에서 나타나는 바와 같습니다.

이 문제의 기본적인 개념은 이러합니다. 우리는 이 우주를 이해하려고 노력하는 중에 여러 사물들을 각각의 보편적인 범주 아래 포함시킵니다. 예를 들면 개개의 포도들을 '포도'라는 개념 아래 하나로 묶는 것입니다. 우리는 각각의 개별자들을 하나의 보편자 아래에, 다수의 사물을 하나 됨 아래에 한데 모으곤 합니다. 이제 철학자들은 여기서 한 걸음 더 나아가 이 우주가 '정말로' 어떠한 곳인지를 분석하려 합니다. 과연 이 우주는 하나로 이루어져 있을까요, 아니면 여럿으로 구성되어 있을까요? 다시 말해, 이 우주 가운데는 '여럿임'이 없이 절대적인 '하나 됨' 만이 존재할까요? 아니면 이 우주 가운데는 어떤 보편적인 개념 아래 한데 묶일 수 없는 절대적인 입자들만이 존재하는 것일까요? 여기서 더 나아가면 말이 너무 길어질 것 같군요. 그러니 이쯤에서 이 논의를 멈추는 편이 낫겠습니다.

그리고 철학자들은 이 세계에 관해 신이 지닌 것과 같은 포괄적인 지식을 얻게 되기를 기대하고 있습니다. 곧 모든 것을 그 안에 포함하는 궁극적인 보편자를 발견하거나 만물의 구성 요소가 되는 궁극적인 입자를 찾아냄으로써 그리하게 되기를 바라는 것입니다. 하지만 그들은 지금까지 이 일에 성공을 거두지 못했습니다. 그 궁극적인 이유는 바로 하나님 안에는 '하나 됨'이 없이 '여럿임'만 존재하지 않는다는 데 있지요. 그리고 하나님은 이 우주 역시 그런 존재로 만드셨던 것입니다.

그리스 철학자들은 여호와 하나님에 관해 알았을까?

이전에 내게 배운 학생이 그리스 철학자들이 유대인의 하나님을 언급한 적이 없는 이유에 관해 질문해 왔다. 이에 나는 이렇게 대답했다.

○ 2011년 12월 30일 ○

J에게

다시 소식을 접하게 되어 기쁩니다.

그리스 철학이 형성되던 시기, 곧 주전 600년부터 주후 300년까지의 기간 동안에는 이 둘 사이에 문화적인 혼합이 (어느 정도 있기는 했겠지만) 비교적 드물었습니다. 저는 당시의 그리스 철학자들이 히브리인들의 신학을 전혀 접해 보지 못했다고 주장하지는 않겠습니다. 순교자 유스티누스는 플라톤이 그의 글 『티마이오스』 *Timaeus* 에 담긴 신학을 모세의 글에서 가져온 것으로 여깁니다. 실제로 그런 일이 있었다면 플라톤은 모세의 개념을 심각하게 왜곡한 것이 분명합니다. 다만 그 일이 없었다는 점을 제가 입증할 수는 없습니다.

물론 주후 50-300년경은 성경의 사상과 그리스 철학이 가장 깊이 있게 접촉한 시기였습니다. 먼저는 영지주의가, 그다음에는 신플라톤주의가 성경의 사상에서 나온 언어를 자신들의 체계 속에 결합시켰습니다. 하지만 그런 사상들이 성경의 언어를 심각하게 왜곡한 것 역시 사실입니다. 플로티누스의 '일자'―*는 필론의 방식을 따르는 유대교 단일신론의 영향을 받았을 수도 있습니다. 물론 그 '일자'는 하나의 공허한 초월자에 불과합니다.

그렇다면 성경의 유신론이 그리스 철학자들 사이에서 하나의 철학적 입장으로 존중받지 못한 이유는 무엇일까요? 이 질문에 관해 저는 신학적인 대답을 제시할 수밖에 없습니다. 이는 곧 불신자들이 은혜의 바깥에서 진리를 대면할 때, 그들은 자신들의 불의로써 그 진리를 억누르게 된다는 것입니다.

따라서 제가 계속 주장하는 바는, 오직 성경의 종교 가운데서만 (그 안에는 이슬람교나 유대교 같은 일부 분파들도 포함됩니다) 절대적이며 인격적인 신을 믿는 유신론을 발견하게 된다는 것입니다. (삼위일체적인 신을 믿는 유신론에 관해서는 더욱 그렇습니다.)

오는 2012년과 그 이후에도 늘 복된 시간이 되기를 빕니다!

기독교 학교에서 이교의 철학을 가르치는 일에 관하여

아래의 편지를 내게 보내온 이는 자신이 가르치는 학교에서 벌어진 한 논쟁에 관해 언급하고 있다.

○ **2009년 10월 9일** ○

프레임 박사님께

저는 전통적인 기독교 학교에서 근무하면서 윤리학과 변증학을 가르치는 사람입니다. 박사님이 집필하신 글들은 저에게 큰 도움이 되어 왔습니다. 주님을 향한 박사님의 이 같은 섬김에 깊이 감사드립니다. 제가 박사님께 연락을 드린 이유는 현재 이교적인 철학의 문제를 놓고서 제가 속한 학교의 직원들 사이에 긴장이 지속되고 있기 때문입니다. 지금 저희 학교에서는 학교의 전체 직원들이 참여하는 회의를 열고, 기독교 교육에서 그런 사상들을 어떻게 다루는 것이 옳은지에 관해 논의하고 있습니다. 저는 박사님께서 이 문제에 관한 제 생각을 정리할 수 있도록 도와주시기를 기대합니다. 지금 저의 입장은 기독교적인 지성에 속한 지혜를 발전시키는 일에 이교의 철학이 전혀 도움을 주지 않는다는 것입니다. 다만 그런 사상들이 역사적인 사건들에 끼친 영향을 이해하는 데 도움이 된다는 면에서만 그 사상들이 유용하다는 것이 제 생각입니다. 그런데 그리스도인들 사이에서 이런 문제를 폭넓게 논의하지 않은 것인지, 아니면 단순히 제 자신이 그런 자료들을 찾아내지 못하는 상황에 처해 있는 것인지 궁금합니다. 이 때문에 저는 두 가지 질문을 드리려고 합니다. (1) 박사님은 이 문제에 관해 어떤 견해를 지니고 계신지요? (2) 박사님은 혹시 제가 이 문제에 관해 명확하고 간결하게 입장을 정리하도록 도와줄 자료를 가지고 계시거나 소개해 줄 수 있으신지요?

이에 관해 나는 이렇게 답장했다.

J 씨에게

주신 편지에 감사드립니다. 소식을 전해 주셔서 기쁘네요.

전통적인 기독교 학교들은 그들의 교육이 지닌 고전적인 측면과 기독교적인 측면 사이의 긴장을 다루어야만 합니다. 예를 들어 고전적인 철학, 특히 그리스 철학은 반 틸이 말한 바 '자율적인 추론'에 그 토대를 두고 있습니다. 이에 반해, 기독교 철학의 경우에는 그것이 그 이름에 걸맞은 것이 되기 위해서는 성경의 권위에 복종해야만 하지요. 따라서 그리스 철학의 주된 요지와 성경의 가르침 사이에는 일종의 대립이 존재하는 것입니다.

당신이 언급하신 것처럼 역사적인 영향력의 측면에서는 이교적인 고전 철학에서 배울 점이 있다고 생각합니다. (예를 들자면, 애석하게도 그 철학은 기독교 철학과 신학에 어느 정도 영향을 끼쳤습니다.) 또 저는 학생들이 생각하는 법이나 논증을 구성하는 법, 비판적인 사고의 기술들을 발전시키는 법을 익히는 데에도 그리스 철학이 도움을 줄 수 있다고 생각합니다. (그런 사고의 기술들은 심지어 그리스 철학자들을 비판하는 데에도 쓰일 수 있을 것입니다.) 그리고 때로 세속적인 철학자들은 그들의 인식론에 결함이 있음에도 불구하고 하나님의 창조 세계에 관한 진리들을 발견해 내기도 합니다. 하지만 우리가 그리스 철학(또는 어떤 세속적인 철학)을 공부하는 가장 중요한 이유는 기독교의 대안이 되는 사상들을 이해하려는 데 있습니다. 세속 철학을 공부하면서 우리는 가장 주의 깊고 명확한 언어로 표현된 이교의 세계관을 파악하게 됩니다. 그리고 우리는 자신이 누구를 상대로 싸우고 있는지를 알 필요가 있습니다.

그러나 기독교 학교들은 앞서 언급한 대립을 **반드시 숙고해야** 합니다. 만약 고전 교육에 대한 애착 때문에 그 대립을 무시한다면, 그 학교들의 기독교적인 입장은 손상되고 말 것입니다.

제가 있는 지역의 기독교 학교에서도 고전을 가르치는 문제로 갈등이 빚어진 적이 있습니다. 제 아들이 그 학교를 졸업했고, 아내는 그곳의 유치원에서 가르치고 있습니다. 그러나 그 학교가 고전적인 사상의 전통에 관해 충분히 비판적인 태도를 취하지 않고 있기 때문에 학생들이 피해를 입고 있다는 것이 제 생각입니다.

참고할 만한 자료로는 호페커가 편집한 『세계관의 혁명들』*Revolutions in Worldview* 에 실린 저의 글 「선물을 가져오는 그리스인들」Greeks Bearing Gifts 과 더불어 여러 상이한 세계관들에 관한 글들을 보십시오.

위에서 언급한 내용 중에 도움이 되는 부분이 있기를 빕니다.

2. 나에게는 자유의지가 있는가

자유지상주의 · 자유지상주의의 자유의지 개념에 대한 평가 · 악의 문제

악의 문제에 관한 요약

나는 아래의 편지에서 악의 문제에 관한 논의 중에 가장 중요한 것으로 여겨지는 성경의 원리들을 간결하게 요약했다.

○ **2013년 11월 25일** ○

C씨에게

저의 볼티모어 여행을 위해 기도해 주셔서 감사합니다. 덕분에 주님이 복을 주셨다고 믿습니다.

악의 문제는 기독교 신학이 지닌 가장 어려운 문제입니다. 이 문제에 관해서는 완전히 만족스러운 답을 찾을 수 없다는 것이 제 생각입니다. 우리는 하나님이 선하고 거룩하시며 죄와 악을 미워하신다는 성경의 가르침을 손상시킬 수 없습니다. 그리고 다른 한

편으로 우리는 하나님이 세상의 모든 역사를 미리 계획하시며 그분의 뜻대로 모든 일들을 이루어 가신다는 성경의 가르침 역시 훼손할 수 없습니다. 그러나 우리는 이런 두 확신을 만족스럽게 또는 완벽하게 조화시킬 수가 없습니다.

물론 저는 신학자로서 이 문제와 계속 씨름하고 있습니다. 당신이 『신론』The Doctrine of God에서 읽은 내용 외에도 저는 『하나님의 영광을 위한 변증학』Apologetics to the Glory of God에서 두 장에 걸쳐 이 악의 문제를 다루었습니다. (『하나님의 영광을 위한 변증학』에서는 약간 다른 접근방식을 취했습니다.) 그리고 저는 『조직신학』Systematic Theology에서 그 내용들을 하나로 종합해 보려 했습니다. 이 문제에 연관된 논의의 삼각 구도는 대략 이런 식으로 제시될 수 있습니다. (1) '우리에게는 하나님을 탓할 권리가 없다.' 이는 욥기 38장 이하와 로마서 9장에서 서술되는 규범적 관점입니다. (2) '하나님은 악을 선으로 바꾸신다.' 이는 창세기 50:20과 로마서 8:28에서 나타나는 상황적 관점입니다. 그리고 (3) '하나님은 지금 우리의 마음속에서 성화의 사역을 행하고 계시는데, 그분은 우리의 주관적인 의심을 제거하시며, 우리로 하여금 세상의 역사 전체 가운데서 그분 자신의 의와 공의가 드러나는 것을 볼 수 있게 하신다.' 이것은 실존적인 관점입니다(계 15:3-4).

수많은 신학자와 철학자들이 이 문제에 관해 글을 써 왔습니다. 그중 많은 이들은 악의 문제를 이용해서 자신의 논의를 비성경적인 방향으로 진전시켰으며, 저는 그런 방향들 중 일부를 『하나님의 영광을 위한 변증학』의 장들에서 언급한 바 있습니다. 아마 당신은 제가 열거한 자료들 중 일부를 들여다봄으로써 이 문제에 연관된 논의들에 좀 더 친숙해질 수 있을 것입니다. 하지만 그런 논의들이 당신의 질문에 충분한 답을 줄 것 같지는 않습니다. 제 생각에 최선의 방법은 욥의 자세와 바울이 로마서 9장에서 보여준 모습을 본받는 것입니다. 이는 곧 하나님의 위대하심과 당신 자신의 비천함을 고백하며, 하나님이 당신의 마음속에서 성화의 사역을 행하시기를 구하는 일이지요. 그때에 당신은 그분의 위대하심과 거룩하심을 더욱 온전히 바라볼 수 있게 될 것입니다.

악의 문제를 바라보는 관점들

한 졸업생이 악의 문제를 다루는 내 논증이 어떻게 발전해 왔는지에 관해 질문을 주었다. 그리고 그는 그 문제를 세 가지 관점에서 바라볼 가능성이 있는지를 문의했다. 그는 특히 이 악의 문제를 형식화하고 그 응답을 제시하는 일에서 하나님의 지혜가 지닌 역할에 관심을 품고 있었다. 나는 그에게 다음과 같이 답장을 보냈다.

○ **2009년 11월 9일** ○

B에게

당신의 소식을 듣는 것은 늘 반가운 일입니다. 중국 사람들이 제 책『기독교 윤리학』*The Doctrine of the Christian Life* 에 관심을 보인다는 말을 들게 되어 기쁩니다. 그 책이 중국어로 번역되는 것을 꼭 보고 싶군요. 모든 번역 작업의 경우와 마찬가지로 먼저 P&R 출판사와 상의해 보시기 바랍니다.

당신의 질문에 관해 답하자면, 저는 몇 년 전 『하나님의 영광을 위한 변증학』이 출판되고 난 뒤에 악의 문제를 바라보는 삼중 관점의 방식을 발견했던 것으로 생각됩니다. 이때 그 방식이 내 머릿속에 떠올랐던 것은 인생에서 어떤 위기를 겪었기 때문이 아니었습니다. 저는 다만 생각을 계속 이어나가다가 그 방식을 파악하게 되었습니다.

이제 저는 그 문제를 보통 다음의 방식으로 제시하곤 합니다.

- **규범적인 관점**: 하나님은 선과 악의 궁극적인 기준이 되신다. 따라서 우리에게는 그분을 비난할 권리가 없다(욥기, 롬 9장).
- **상황적인 관점**: 악한 것을 비롯한 모든 일들이 합력해서 선을 이룬다. 우리가 세상의 역사 속에서 이런 방식을 늘 보게 되는 것은 아니지만, 하나님은 모든 일의 배후에서 선을 위해 역사하고 계신다.
- **실존적인 관점**: 언젠가 우리는 위의 두 관점을 마음속으로 이해하고 받아들이게 될 것이며, 악한 일들에 관해 하나님을 비난하려는 생각은 더 이상 떠오르지 않을 것이다. 요한계시록 15:3-4에서는 모든 이들이 하나님의 의와 공의를 찬미하는 모습을 그린다. 천국에서는 악이 존재하지 않으며, 따라서 악의 문제 역시 존재하지 않을 것이다.

하나님의 지혜는 특히 상황적인 관점에 연관되어 있습니다. 곧 하나님이 어떻게 방대하고 복잡하게 얽혀 있는 세상 역사의 흐름들을 하나로 모으셔서 그분 자신을 영화롭게 하시는지와 관련이 있습니다.

또한 하나님의 지혜는 다음과 같이 악의 문제가 지닌 기본적인 형식 속에도 포함될 수 있습니다.

- 만일 하나님이 온전한 능력을 지닌 분이라면, 그분은 악을 미리 막으실 것이다(통제/상황적인 관점).
- 만일 하나님이 온전히 선하신 분이라면, 그분은 악을 미리 막으실 것이다(임재/실존적인 관점).
- 만일 하나님이 온전히 지혜로우신 분이라면, 그분은 악을 미리 막을 방법을 찾아내실 것이다(권위/규범적인 관점).

물론 이 전제들은 모두 그릇된 것입니다. 왜냐하면 하나님은 그분 자신의 목적을 위해 악한 일들을 사용하심으로써 자신의 능력과 선하심, 지혜를 입증하시기 때문입니다. 하나님은 악에서 선을 이끌어 내실 수 있으며(능력), 악한 일들 가운데서 그분의 선하심을 향한 찬미를 이끌어 내실 수 있습니다(선하심). 그리고 하나님은 그 악에서 벗어날 길을 우리에게 보여주실 수 있습니다(지혜).

이런 하나님의 성품들은 제가 『신론』에서 분류했던 그분의 신적인 속성들, 곧 능력, 지식, 사랑의 속성들과도 결부됩니다.

이 글이 도움이 되기를 바랍니다.

악의 문제에 관한 대화

때로는 서로 주고받는 대화를 통해 난해한 문제들을 풀어가는 편이 제일 좋다. 여기서는 'JR'이 자신의 의견을 제시하고 이에 대해 'JF'가 응답하는 형식을 취했다.

○ **2013년 3월 9일** ○

JR: 프레임 박사님, 제가 그리스도인으로서 직면하게 되는 가장 어려운 사안 중 하나는 악의 기원 문제입니다. 악은 인간이 지음 받기 전부터 존재했을 것입니다. 하지만 그 근원은 하나님이 아니신 것이 분명합니다.

JF: 그 문제는 '근원'이라는 단어가 어떤 의미로 쓰이는지에 달려 있다고 봅니다. 가장 명백한 의미에서는 하나님이 모든 것의 근원이십니다. 출애굽기 20:11과 에베소서 1:11, 사도행전 2:23을 보십시오.

JR: 그렇게 생각할 경우에 저의 마음속에서는 많은 질문이 생겨납니다. 아마 우리는 하나님께서 이 세상에 악이 들어오도록 "허용하셨다"고 말할 수 있을 것입니다. 하지만 이 경우에는 하나님의 존재 바깥에 어떤 외적인 힘이 존재함을 의미하게 됩니다.

JF: 저는 "허용하셨다"라거나 "허락하셨다"라는 표현들을 쓰지 않는 편을 선호합니다. 이는 그런 표현들을 사용할 경우에 말씀하신 것과 같은 생각을 부추기게 되기 때문입니다. 여하튼 성경에서는 하나님 외의 다른 어떤 존재가 그분의 활동들을 제약한다고는 결코 언급하지 않습니다.

JR: 그 점을 받아들이면서 논의의 흐름을 따라갈 때, 저는 하나님께서 여러 다양한 방식으로 어떤 외적인 법칙들에 매여 계신다고 추정하게 됩니다. 하지만 제 머리로는 그런 법칙들의 사례를 생각해 내기가 너무 힘들군요.

JF: 하나님이 외적인 법칙들에 매여 계신 것은 오직 그분이 A라는 일을 행하실 것을 주권적으로 결정하셨다면 not-A를 행하실 수는 없다는 의미에서만 그러합니다. 그리고 그분은 A와 모순되는 어떤 일을 행하실 수 없는 것입니다. 이제 어떤 이들은 이 점을 들어 하나님이 "논리의 제약을 받으신다"고 말할 것입니다. 하지만 그것은 그릇된 생각입니다. 논리는 그저 하나님께 속한 본성일 뿐입니다. 이는 곧 그분의 사유와 행위가 지닌 일관성인 것입니다.

JR: 우리는 **어떤** 외적인 절대 원칙에 의해서도 다스림을 받지 않으시는 하나님의 본성을 어떻게 이해해야 할까요?

JF: 하나님은 그분 자신의 성품에 의해 다스림을 받으시며, 그분께는 그것으로 충분합니다. 하지만 이 점은 그분이 제멋대로이거나 변덕스러운 분이라는 것을 조금도 함축하지 않습니다.

JR: 구체적으로 말씀드리자면 악의 개념은 제가 죄나 원죄, 객관적인 도덕성 등에 관해 생각하는 것을 대단히 어렵게 만듭니다.

JF: 분명히 그러합니다. 다만 악의 문제에 대한 성경의 응답을 요약해 보자면 다음과 같습니다.

1. **규범적인 관점**: 욥기와 로마서 9장에서, 하나님은 인간에게는 그분의 결정 속에 담긴 선하심과 지혜에 대해 이의를 제기할 권리가 없다는 점을 선포하신다.

2. **상황적인 관점**: 창세기 50:20과 로마서 8:28 같은 본문들에서, 하나님은 모든 악한 일들이 합력해서 선을 이룬다고 말씀하신다. 이는 악이 전혀 존재하지 않는 것보다 오히려 악이 존재함을 통해 세상의 역사 전체가 더 나은 것이 됨을 의미한다.

3. **실존적인 관점**: 요한계시록 15:3-4에서 성도들은 망설임 없이 하나님의 의로우심 앞에 경배하고 있다. 실질적으로 이 구절에 담긴 것은 언젠가 우리가 모든 사정을 온전히 알게 되거나, 하나님이 행하신 일들을 달리 평가하게 되리라는 약속이다. 이는 그럼으로써 더는 악한 일들 때문에 '문제'를 겪게 되지 않을 것이라는 약속인 것이다. 그때에 우리는 하나님이 의로우신 분임을 완전히 확신하게 될 것이다.

JR: 이 사안이 많은 고민을 요구하는 문제임을 알겠습니다. 바쁘신데에도 불구하고 이렇게 답변해 주셔서 감사드립니다, 박사님.

JF: 저 역시 감사드립니다.

하나님은 어떻게 모든 일이 합력해서 선을 이루게 하시는가?

우리에게 먼저 필요한 것은 이 질문이 얼마나 어려운 것인지를 이해하는 일이다.

○ **2011년 11월 26일** ○

M씨에게

좋은 질문들을 주셔서 고맙습니다. 이에 관해 몇 가지를 언급해 보겠습니다.

1. 네, 저는 칼뱅주의적인 '양립 가능론'compatibilism, 하나님의 작정과 인간의 자유의지가 양립 가능하다는 입장─옮긴이 을 따릅니다. 그러므로 자유는 곧 '자신이 가장 원하는 일을 행할 수 있는 능력'이라고 믿습니다.

2. 다른 형태의 자유들 역시 존재합니다. 도덕적인 자유나 정치적인 자유 등이 그 예입니다. 이에 관해서는 제가 쓴 『신론』의 8장을 보십시오.

3. 네, 저는 하나님이 더 높은 수준의 선을 이루기 위해 모든 악한 일들을 계획해 두셨다고 믿습니다. 로마서 8:28은 이 점을 분명히 가르치고 있습니다.

4. 제가 아는 한, 어떤 악한 일 A에 대해서는 그 일이 가져오는

더 높은 수준의 선인 B가 늘 있다는 식으로 이 원리를 구체적인 의미에서 개별화하는 성경 본문을 본 적은 없습니다.

5. 저는 '더 큰 선을 위한 변증'ª greater-good defense, 하나님이 더 큰 선을 이루기 위해 악의 존재를 작정하셨다는 식의 변증—옮긴이을 제시하기 위해 이런 식의 구체적인 개별화가 요구된다고 생각하지 않습니다.

6. 하지만 저는 하나님이 모든 개개의 사건들을 미리 작정하셨다고 믿으며, 그 사건들이 각기 그분의 더 큰 영광에 어떤 식으로든 기여한다고 여깁니다.

7. 특정한 사건 A가 하나님의 더 큰 영광에 기여하는 바, 그리하여 더욱 큰 선에 실제로 공헌하는 바를 구체적으로 제시하는 일은 이론적으로 가능할 것입니다. 적어도 하나님은 그 각각의 사건들이 어떤 식으로 그런 결과를 낳는지를 아십니다.

8. 하지만 하나님께는 그 각각의 사건들이 기여하는 바를 우리에게 알려 주실 의무가 없으며, 아마 우리는 그 내용을 결코 알지 못할 것입니다. 실제로 그 일은 우리의 이해력을 넘어서는 것일 수도 있습니다.

9. '더 큰 선을 위한 변증' 외에도 성경에서는 악의 문제에 관해 다른 응답들이 제시될 수 있음을 보증한다는 것이 제 생각입니다.

10. "이 사람아, 네가 누구이기에 감히 하나님께 반문하느냐"(롬 9:20—옮긴이).

11. 이 문제에 대한 종말론적인 응답은 다음과 같습니다. 언젠가

우리는 하나님의 보좌 주위에 둘러서서 그분의 선하심을 찬미하게 될 것이며, 이때에는 조금의 의심도 남지 않을 것입니다. 하나님은 우리의 생각 속에서 악의 문제를 마침내 제거할 방법을 가지고 계신 것이 분명합니다.

12. 저는 『신론』의 9장과 『하나님의 영광을 위한 변증학』의 6-7장에서 이 문제들을 논했습니다.

위의 내용들이 어느 정도 도움이 되기를 바랍니다.

과연 우리는 하나님을 악의 '원인'으로 언급할 수 있는가?

악의 문제는 그 용어상의 문제를 거론하지 않더라도 이미 충분히 어려운 사안이다. 아래의 편지는 한 친구가 '원인'에 관해 질문한 내용에 대한 내 답장이다.

◯ 2011년 4월 12일 ◯

J에게

이 문제에 관해서는 『신론』의 4장과 9장에 있는 제 논의를 살펴보기 바랍니다.

저는 하나님이 이 세상에서 벌어지는 모든 일들을 일어나게 하신다고 믿습니다. 그것이 바로 그 책의 4장에서 제가 주장했던 내용입니다.

우리는 모두 철학자입니다

그리고 그 책의 9장 끝부분에서, 저는 우리가 악에 대한 하나님의 관계를 묘사하는 데 사용하는 언어들에 관해 논의했습니다. '창시하신다'authors, '일으키신다'causes, '예정하신다'predestines, '허용하신다'permits, '미리 작정하신다'foreordains 등이 그런 표현들입니다. 기본적으로 이 점에서 우리가 신경을 써야 할 두 가지 사안이 있다는 것이 제 주장입니다. (1) 이 용어들의 명시적인 의미와 (2) 그 함축적인 의미들이 바로 그것입니다.

'창시하신다'authors라는 단어의 경우에는 그 의미가 명확하게 정의되는 일이 드물지만, 우리는 그 단어를 피해야만 합니다. 제가 아는 한 '창시하다'라는 말은 하나님이 악한 일들을 일어나게 하신다는 것과 그 악한 일의 책임이 그분께 있다는 것을 모두 의미하기 때문입니다. 그러므로 저는 독자들에게 절대로 하나님을 '악의 창시자'로 언급하지 말라고 조언합니다.

'원인'cause이라는 말을 살필 때, 저는 영어의 일반적인 용법을 좇아 외적인 의미에서 하나님을 악의 '원인'으로 지칭하는 것을 그릇된 일로 여기지 않습니다. 하지만 일부 저자들은 이 단어를 '창시자'author와 다소 유사한 의미로 간주하는 것처럼 보입니다. 그리고 이 단어가 지닌 함축적인 의미는 얼마간 '창시자'와 비슷한 어감을 줍니다. 그러므로 저는 독자들에게 하나님을 악의 '원인'으로 지칭하지 말 것을 권면합니다. (이는 비록 그 단어가 '창시자'만큼 나쁜 표현은 아닐지라도 그러합니다.) 칼뱅은 때로 이런 맥락에서 '원인'이라는 말을 사용하고 있습니다.

'예정하신다', '일어나게 하신다'bring about, '작정하신다'ordain 같은 다른 표현들의 경우, 분별력 있게 사용할 수 있을 것입니다. (이런 표현들은 실제로 자주 쓰이고 있습니다.)

제 요점은 이것이 성경의 실제적인 가르침에 연관된 문제인 것과 마찬가지로 언어의 문제이기도 하다는 것입니다. 이 사안에 대한 성경의 가르침은 분명하지만, 우리는 그 가르침을 공식화할 때에 그 표현들을 책임감 있게 선택해야 합니다.

이런 논의가 어느 정도 도움이 되기를 빕니다.

하나님이 사탄과 죄를 만드신 이유는 무엇인가?

한 오랜 친구가 아내와 성경 공부를 하던 중에 나온 다음의 질문들을 나에게 편지로 보내왔다.

○ 2010년 1월 20일 ○

하나님은 왜 사탄을 창조하셨을까요? 이 물음은 다음의 질문에서 나온 것입니다. '하나님은 왜 우리가 선악과 나무를 통해 범죄하기를 원하셨을까?' 어떤 생각이든 나누어 주시면 도움이 되겠습니다. 감사합니다.

이에 나는 이렇게 답장을 썼다.

B에게

당신의 성경 읽기 프로그램에 관해 듣게 되어 기쁩니다. 몇 가지
생각을 나누어 보겠습니다.

1. 하나님이 사탄을 지으신 것은 그가 사탄이 되기 전이었습니다.
   성경에는 사탄이 처음에는 선한 천사였지만 이후에 하나님을
   거슬러 반역하게 되었음을 시사하는 본문이 적어도 몇 구절 있
   습니다(다만 그 내용이 명확히 언급되어 있는 것은 아닙니다). 베드
   로후서 2:4과 유다서 6절을 보십시오.
2. 하나님은 우리가 범죄하기를 원하지 않으셨습니다. 다만 그분
   은 자신의 선한 목적을 이루시기 위해 그 일을 미리 작정하셨
   습니다.
3. 이 내용을 자세히 설명하면 이러합니다. 성경에서 하나님이 어
   떤 것을 뜻하거나 원하시는 일에 관해 진술할 때, 그 진술의 방
   식은 다음의 두 가지로 나타납니다.

   a. 때로 하나님이 원하거나 뜻하시는 일은 바로 그분이 그 일의 발생
      을 미리 작정해 두신 일을 가리킵니다. 신학자들은 이것을 하나님
      의 '작정적인 의지' decretive will 로 부릅니다.
   b. 다른 경우에 하나님이 원하거나 뜻하시는 일은 곧 그분의 도덕적인
      의도를 나타냅니다. 이것은 때로 하나님의 '교훈적인 의지' preceptive will
      로 불립니다.

여기서 우리에게 깊은 의미를 지닌 질문은 이것입니다. '왜 이 둘은 종종 서로 상충하는 모습을 보이는가?' 이는 곧 하나님께서 그분의 도덕적인 의도에 어긋나는 일들이 일어나도록 작정해 두신 이유는 무엇인가 하는 물음입니다.

그리고 이 질문의 답은 이러합니다. '하나님은 악한 일들이 일어나도록 미리 작정하시고 그 일들을 극복하심으로써, 그 일들을 아예 처음부터 작정하지 않으셨을 때보다 더 좋은 결과를 성취하신다.'

그렇다면 하나님은 어떻게 9/11과 같이 진정으로 끔찍한 사건들을 통해서도 그런 결과를 가져오실 수 있을까요?

이에 대한 답은 '저도 모른다'는 것입니다. 하지만 그 답을 알지 못하더라도 문제는 없습니다.

당신과 A에게 주님의 은총이 있기를 빕니다.

3. 나는 이 세상을 알 수 있는가

정당화된 참인 믿음 · 정당화

이 단락에서는 하나님을 아는 일에 관해 논한 뒤, 인식론의 전통적인 관심사 중 일부를 다룰 것이다(그 가운데는 논리와 확실성도 포함된다). 그리고 끝부분에서는 내가 고안한 지식에 대한 삼중 관점의 접근방식을 설명하려 한다.

피조물들이 하나님의 본질적인 존재를 알 수 있는가?

클라인(미국의 구약학자인 메러디스 클라인 ─ 옮긴이)과 신율주의 운동(theonomy)에¹ 관한 생각들과 함께

나는 우리가 어떤 의미에서 하나님의 '본질'^{essence}을 알 수 있다는 내 견해에 관해 종종 비판을 받곤 한다. 물론 이 사안은 온전히 그 '본질'이 어떻게 정의되는지에 달려 있다. 아래에 제시된 것은 그런 염려를 표현한 어떤 이의 편지에 대한 내 답장이다.

D 씨에게

당신이 G 씨에게 보낸 흥미로운 편지의 사본을 제게도 보내 주셔서 감사합니다. 그 글의 내용은 제 자신의 생각을 자극하는 것이었습니다. 여기서는 그 글에 대한 제 응답 중 일부를 나누어 보겠습니다.

솔직히 저는 다음과 같은 당신의 언급 가운데서 일종의 상대주의를 발견하게 됩니다. "하나님의 본질적인 존재는 그분과 어떤 특정한 피조물 사이의 관계를 통해 알려질 수가 없습니다. 이는 그런 관계가 부분적으로는 늘 그 피조물에 의해 지배되기 때문입니다." 만일 당신의 언급이 옳다면, 이는 우리가 하나님의 본질적인 존재를 전혀 알 수 없음을 함의하게 될 것입니다. 왜냐하면 우리는 (각 개인으로서든 집단적인 공동체로서든) 오직 피조물의 관점에서 하나님의 존재를 인식하기 때문입니다. 하지만 성경은 우리가 하나님을 "그분이 계신 모습 그대로"ⁱˢ ʰᵉ ⁱˢ 아는 일이 가능하다고 가르친다는 것이 제 생각입니다. 물론 우리가 그분을 철저히 다 아는 것은 아니지만, 그분을 참되게 아는 일은 가능하다는 것입니다(『신지식론』 *The Doctrine of the Knowledge of God* 을 보십시오). 나아가서 좀 더 윤리학에 연관되는 내용을 언급하자면, 우리는 그저 하나님을 나타내는 어떤 피조된 형상같이 되는 데 그치는 것이 아니라 **하나님을 닮아갈** 수 있습니다. 마태복음 5:45-48을 비롯한 성경 본문들은 이 점을 분명히 언급하고 있습니다. 곧 우리가 하나님의 계명들에 순종할 때, 우리는 그분을 더욱 닮게 된다는 것입니다.

우리 자신이 피조물이며 모든 일을 피조물의 관점에서 바라보는 것이 사실이기 때문에, 우리는 지나친 독단과 교만에 빠지지 않도록 스스로를 경계해야 합니다. 그러므로 바울은 "우리가……부분적으로 아나"라고 언급했던 것입니다(고전 13:12 참조—옮긴이). 하지만 성경의 저자들이 이런 사실 때문에 하나님이 그분 자신에 관해 계시하신 내용과 우리에게 요구하시는 내용들을 선포하는 데 주저하게 되었던 것은 아닙니다.

저는 이 영역에서 당신의 주의 깊은 진술들에 동의합니다. 예를 들면, "그렇다면 하나님과 이스라엘 사이의 관계가 그분의 성품을 드러내는 것은 오직 이를 통해 그분의 성품이 드러나도록 허용되는 정도에 한해서 그러합니다"라는 문장은 하나님에 관해 우리가 얻을 수 있는 지식의 긍정적인 측면과 부정적인 측면을 모두 잘 진술한 것으로 보입니다. 성경의 증거를 살펴보면, 우리는 여전히 하나님이 이스라엘에게 주신 계시로부터 그분의 성품에 관해 많은 내용을 배울 수 있다고 여겨집니다. 우리가 우상을 숭배하지 않아야 하는 것은 하나님이 질투하는 분이시기 때문입니다. 우리가 안식일을 지켜야 하는 이유는 하나님께서 자신의 안식일을 지키셨기 때문입니다. 그리고 우리가 하나님의 모든 말씀에 순종해야 하는 이유는 그분이 거룩한 분이시기 때문입니다(레 18, 19장). 물론 이스라엘은 하나의 작은 나라일 뿐이며, 그 나라의 역사는 하나님이 보시기에 아주 짧은 기간입니다. 하지만 이스라엘이 성경과 구속 역사 속에서 차지하는 위치를 생각할 때, 하나님이 그 나라에 주신 계시는 특별한 의미를 지닌다는 점이 분명히 드러납니다. 그 계시의 말씀은 단순히 한 나라에 주신 계시, 이를테면 그분이 중국인들이나 스리랑카인들에게 주신 것과 나란히 놓을 수 있는 하나의 계시가 아니었습니다. 만약 그랬다면 하나님이 이스라엘에게 주신 계시로부터 우리를 위한 결론을 이끌어 내는 일은 중대한 오류가 되었을 것입니다. 하지만 그렇지 않습니다. 이스라엘은 하나님의 말씀을 받았다는 점에서 다른 나라들이 얻지 못한 큰 특권을 누리고 있었습니다(롬 3:1이하). 구원은 유대인에게서 나옵니다. 이스라엘 백성들은 다른 민족들이 알지 못했던 방식으로 하나님을 알았습니다.

저는 또한 하나님께서 나라와 공동체, 개인들에게도 그들의 각기 다른 성숙도의 단계에 따라 그분 자신을 다양하게 나타내 보이신다는 점에 동의합니다. 다만 이 부분에서도 우리는 그 차이점을 지나치게 과장하지는 말아야 할 것입니다. 이 점에 관해 당신은 이렇게 질문했습니다. "과연 비뚤어진 치아를 가진 자녀에게 교정기를 사 주는 일 가운데서 부모의 불변하는 사랑이 드러난다고 할 수 있겠습니까?" 이때 만약 우리가 그 부모에 관해 아는 사실이 **오직 그것뿐이며** 다른 측면에서는 그 부모가 품은 사랑의 본성에 관해 전혀 아는 바가 없다면, 그 사실 자체만 가지고서는 그 부모의 사랑에 대해 많은 것을 알 수 없을 것입니다. 그러나 다른 한편으로, 그 사실이 다른 여러 사실들과 결합될 경우에는 그 부모의 전반적인 모습을 더 자세히 알 수 있게 됩니다. (이 단락의 논의에서 자녀에게 교정기를 사 주는 부모의 이미지는 구약의 이스라엘 백성을 훈육하시는 하나님의 모습을 나타내는 비유이다―옮긴이)

물론 그 부모의 사랑이 어느 한 자녀에게 교정기를 사 주는 것으로 나타났기 때문에 다른 모든 자녀의 경우에도 그러해야만 한다고 주장하는 것은 해석학적으로 어리석은 일이 될 것입니다. 당신도 잘 아시겠지만 그런 어리석음을 피하는 길은 바로 상황적인 관점을 염두에 두는 데 있습니다. 그 부모가 행하는 사랑 속에는 연속성이 존재하지만, 그 연속성이 드러나기 위해서는 그에 걸맞은 상황들이 요구됩니다. 만약 자기 자녀에게 교정기가 필요하지 않다면, 사랑이 많은 부모는 그 아이에게 교정기 착용을 강요하지 않을 것입니다. 그러나 그 부모가 첫째 아이에게 교정기를 사 주었으며 둘째 아이 역시 그와 똑같은 문제를 겪고 있다면, 우리는 (재정 문제 등의 다른 형편들이 동일할 경우에) 그 사랑 많은 부모가 다시 같은 일을 선택할 것이라고 기대할 수 있습니다. 물론 어떤 두 상황도 서로 **정확히** 똑같지는 않습니다. 하지만 그런 사실 때문에 우리가 상대주의에 빠져서는 안 될 것입니다. 각 상황들 사이에는 충분한 유사점이 존재하며, 이에 따라 우리는 하나님과 그 상황들 사이의 관계를 헤아릴 수 있습니다. 그렇지 않다면 모세의 율법은 고사하고 **신약의** 원리들까지도 우리의 현대적인 삶에 적용할 수 없을 것입니다.

저는 이런 내용들을 **지적하는** 한편, 성경(그 가운데는 십계명도 포함됩니다)에서는 '추상적인 법규' 또는 '규범으로서의 규범'norms as norms 을 우리에게 제시하지 않는다는 당신의 생각에 동의합니다. 제 방식대로 표현하자면 성경의 규범들은 '응용된' 규범, 곧 특정한 상황에 적용된 규범들입니다. 심지어 십계명 그 자체에서도 우리는 우리 자신의 정황에 문자적으로 적용되지는 않는 요소들을 발견하게 됩니다. 당시 모세는 그 백성들을 향해 명령하면서, 그들이 자신들의 부모를 공경하면 팔레스타인 지역에서 장수를 누리게 될 것이라고 선포했던 것입니다. 물론 이같이 팔레스타인 땅을 향했던 성경의 초점은 신약에 와서 온 세상을 향한 것으로 대체되며, 이에 따라 바울은 에베소서 6:1 이하에서 제5계명을 새로운 맥락과 연관 짓고 있습니다.

여기서 우리는 신율주의와 클라인 사이의 논쟁으로 나아가게 됩니다. 저는 다음과 같은 당신의 지적을 존중하면서도 거부합니다. "오직 클라인만이 시내산의 규범들을 다른 상황들 속에 어떻게 적용할지 숙고하기 전에, 먼저 그 규범들 자체를 정황적인 측면에서 평가할 것을 (체계적으로) 주장하고 있습니다." 저는 몇 사람의 신율주의자들과 가까운 친구 관계를 유지해 왔는데, 그 가운데는 (저의 제자였던) 반센과 (저의 제자였으며 더 이상은 자신을 신율주의자로 여기지 않는) 조던, (저의 동료 급우였던) 노스 등이 있습니다. 그리고 저는 이들과 이런 이야기를 많이 나누어 보았습니다. 이들은 모두 원칙적으로 구약의 율법들이 그 정황적인 관점에서 분석되어야 한다는 것을 인정합니다. 다만 그들은 그 요점을

우리는 모두 철학자입니다

클라인처럼 크게 **강조하지 않을** 뿐입니다. 이는 그들이 그런 분석을 통해 불연속성(구약 당시의 정황과 우리의 정황 사이의—옮긴이)보다는 연속성이 훨씬 더 많이 드러나게 되리라고 믿기 때문입니다. 그러므로 제가 신율주의에 관해 쓴 글에서 지적했듯이, 그들은 마치 구약 당시의 상황과 우리의 정황 사이에 전혀 변화가 없었음을 시사하는 듯한 그릇된 수사법을 자주 사용하곤 합니다. 하지만 당신이 신율주의자들의 글을 주의 깊게 살펴본다면 그들이 종종 이 같은 상황상의 변화를 염두에 두고 있음을 알게 될 것입니다. 이런 그들의 태도는 그저 '예식법'의 범주 아래에서뿐만 아니라, 다른 근거들에 기반을 둔 문제들에서도 나타납니다. 예를 들어, 신율주의자들은 구약의 희년 제도를 다시 도입하거나 그것을 사회 복지의 모델로 삼자는 사이더Ronald Sider, 미국의 복음주의 사회 참여 운동가—옮긴이의 제안을 모두 거부했습니다. 그리고 러쉬두니를 제외한 모든 신율주의자들은 구약의 음식 관련 규정을 현대인의 삶에 적용하는 데 반대합니다. 또한 대다수의 신율주의자들은 청교도적인 안식일 준수에 관해 의심을 품고 있고요. 이런 예들은 매우 많습니다.

그러므로 상황상의 변화를 인정하는 측면에서는 신율주의자들과 클라인 사이에 차이가 없습니다. 다만 이들 사이의 차이점은 그 변화의 크기가 어느 정도인지, 따라서 그 변화를 얼마큼 강조해야 하는지 하는 문제들 가운데서 나타날 뿐입니다.

저는 '강조점'에 입각한 논증들을 통해 어떤 신학적 요점들을

입증하려는 시도에 반대하는 사람입니다. 제가 보기에 신율주의자들이 클라인에 맞서 강조하는 내용들은 그다지 흥미로운 것이 아닙니다. 하지만 사람들이 강조의 차이와 원리의 차이를 서로 혼동할 때, 누군가는 이 둘을 적절히 구분해 주어야 할 것입니다. 제가 신율주의에 관해 쓴 글에서 행하고자 했던 것은 바로 이 작업이었습니다.

앞서 언급한 편지에서 당신은 클라인의 입장과 머리(웨스트민스터 신학교의 조직신학 교수였던 존 머리―옮긴이)를 비롯한 신율주의자들의 입장을 서로 구분하면서, 클라인은 구약의 규범들을 '상황에 맞게 조정된 규범'circumstantially adjusted norms 으로 여긴 반면에 머리와 신율주의자들은 그 규범들을 '규범으로서의 규범'(절대적인 규범―옮긴이)으로 보았다고 주장했습니다. 그런데 당신에 따르면 후자의 그들 역시 그 규범들이 "이후에 적용되고 조정될 **수 있음**"을 인정했다는 것입니다. 이제 저는 이같이 차이점을 나누는 일에 어떤 의미가 있는지 잘 모르겠습니다. 위의 두 입장 중 어느 경우든지 우리는 연속성과 불연속성(구약 당시의 정황과 우리 사이의―옮긴이)을 모두 간직할 수 있습니다. 실제로 기독교 윤리의 구체적인 영역들을 살필 때, 이 중 한 견해를 따르는 이는 다른 견해에 속한 이와 모든 문제들에 대해 동의할 수 있습니다. 더 나아가서 저는 당신의 분류 자체가 옳은지조차 확신하기가 어렵습니다. 많은 신율주의자들은 시내산에서 주어진 규범들이 '상황에 맞게 조정된' 것임에 동의한다는 것이 제 생각이기 때문입니다. 그리고 머리의 경우, 저는 그가 이 문제를 다룬 적이 있는지조차 의문입니다.

물론 저는 '상황에 맞게 조정된 규범'의 개념이 '하나님의 불변하는 성품'에 관한 신율주의자들의 단순한 논증들에 부합하지 않음을 인정합니다. 하지만 저는 그 논증들을 그저 수사학적인 어구이며 진지한 내용을 담고 있지는 않다고 생각합니다. 그 논증들은 신율주의에 연관된 논의의 초기 단계에 생겨난 것들이며 일종의 형식적인 의미를 지니고 있습니다. 그러나 신율주의자들이 실제적인 문제들을 해결하는 데에 그런 논증들을 사용하지는 않습니다. 이는 클라인이 '구약이 정경의 지위를 지니지 않음'에 관한 자신의 논증을 그 일에 활용하지 않는 것과 마찬가지입니다.

이 논의 속에 내포되어 있는 일부 혼란은 프랫의 글 「그림과 창문, 거울들」Pictures, Windows, and Mirrors을 참조함으로써 해소될 수 있습니다. 이에 대한 저의 논의를 살피려면 『신지식론』을 보십시오. 성경은 (1) 권위 있는 정경(그림)으로 간주될 수 있으며, (2) 우리가 구속 역사의 사건들에 접근하기 위한 방편(창문)이나 (3) 우리 자신의 성품과 정황들을 비추어 주는 것(거울)으로도 여겨질 수 있습니다. 우리는 때로 다음과 같이 질문을 던집니다. "성경 그 자체가 우리가 따를 권위인가, 아니면 그 책은 더 합당한 의미에서 '계시'로 불릴 법한 사건들을 우리 앞에 보여주는 하나의 방편일 뿐인가?" 그리고 물론 그 답은 이러합니다. "성경 그 자체가 계시이며, 이와 동시에 그 책은 우리를 계시로 인도하는 통로가 되기도 한다." 성경은 계시의 말씀(그림)이며, 이와 동시에 그 책은 '계시적인 사건'들을 우리 앞에 드러내 보이는 것입니다(창문). 어떤 다른 신학자들은 성경의 내용이 우리 자신에게 적용되기 전까지는 계시가 존재하지 않는다고 주장하기도 했습니다. 그리고 그런 그들의 주장에도 어느 정도 참된 부분이 있지요(거울, 곧 '실존적인 계시'). 하지만 성경은 이 세 가지 영역 모두에서 핵심적인 역할을 감당합니다. 전반적으로 살필 때, 우리는 성경의 이러한 성격들을 규범적인 측면(그림)과 상황적인 측면(창문), 실존적인 측면(거울)으로 열거할 수 있을 것입니다.

일부 사람들(아마 대다수의 신율주의자들이 이 속에 포함될 것입니다)은 성경을 주로 하나의 '그림'으로 생각합니다. 이들의 주장에 따르면, 으뜸가는 권위를 지닌 것은 성경의 너머에 있는 무언가가 아니라 성경 그 자체라는 것입니다. 이런 사고방식 가운데서는 성경을 '규범으로서의 규범'으로 간주하는 것이 자연스러운 일입니다. 곧 성경의 가르침이 다른 정황들 속에 적용될 수는 있지만, 성경 자체가 그것보다 더욱 기본적인 성격을 지닌 무언가로부터 적용되어 나온 결과물이 될 수는 없다는 것입니다. 그렇지 않으면 성경이 으뜸가는 계시가 될 수 없기 때문이라는 것이 이들의 주장입니다. 앞서 이 편지에서 저는 성경이 '규범으로서의 규범'이 된다는 개념을 거부한 바 있습니다. 그러나 지금 이 맥락에서 그 표현의 목적을 제대로 이해하고서 사용할 경우, 저는 그 개념을 비판할 수가 없습니다.

(아마도 클라인을 비롯한) 다른 사람들은 '창문'의 모델을 선호합니다. 예를 들어 클라인의 경우, 성경 그 자체를 규범으로 여기기보다는 다양한 역사적 상황 속에서 여러 규범들을 규정하는 오류 없는 기록으로 간주합니다. 그러므로 모든 규범을 그것들이 주어진 당시의 상황에 맞게 조정된 것들로 이해하기가 더 쉬워지는 것입니다. '거울'의 은유를 선호하는 이들 역시 이와 유사한 태도를 취하며, 이들의 경우에는 아마도 좀 더 주관적인 영역에 초점을 둘 것입니다.

물론 제 자신은 삼중 관점의 접근 방식을 취합니다. 따라서 저는 성경이 어떤 면에서 '규범 그 자체'$^{norm\ in\ itself}$가 된다고 말할 수 있습니다. 그리고 성경은 또한 규범들이 당시의 상황에 맞게 조정된 모습을 보여주는 역사적인 기록이기도 한 것입니다. 성경이 '규범 그 자체'인 것은 우리가 성경의 규범들을 판단할 만한 더욱 고차원적인 기준들을 찾아볼 수 없다는 의미에서 그러합니다. 그러므로 성경이 우리 자신의 삶에 어떻게 적용되는지를 깨달을 때, 우리는 그 메시지에 대해 "아니요"라고 답할 수가 없습니다. 그런데 성경은 또한 상황적인 기록이기도 합니다. 이는 곧 '규범으로서의 규범'인 성경이 지닌 의미를 파악하기 위해서는 그 법규가 주어진 당시의 상황을 살펴야 하며, 또 그 상황들과 우리 자신이 처한 상황 사이의 유사성과 비유사성을 염두에 둘 필요가 있다는 의미에서 그러합니다.

당신이 제 입장을 뚜렷이 이해하며 공감하고 있음에도 불구하고, 당신의 편지에서 "의미는 적용에 있다"meaning is application 라는 제 원리를 전혀 언급하지 않은 것에 대해 저는 다소 놀랐습니다. 현재의 문맥에서 살피자면 이 원리의 의미는 다음과 같습니다. '성경의 의미는 모든 가능한 상황에 대한 그것의 적용을 통해 **나타난다.**' 그렇다면 성경에 기록된 법규들의 의미를 발견하기 위해서는 그 법규들이 원래 공표되었던 당시의 상황을 주의 깊게 분별하는 동시에, 우리가 그 법규들을 적용하기 원하는 현재의 상황들도 면밀히 헤아려야 할 것입니다. 만약 '규범으로서의 규범' 같은 것이 존재한다면, 그 '규범'의 의미는 적용을 통해 발견되어야만 합니다. 따라서 '규범으로서의 규범'은 어쩌면 다소 그릇된 용어일 수도 있습니다. 이는 우리가 최종적인 권위를 지니는 성경의 성격에 관해 언급할 수 있는 모든 내용을 다 인정할지라도 그러한 것입니다. 하지만 다른 한편으로 그 용어는 우리가 상대주의에 빠지지 않도록 지켜 주는 일에 유익할 것입니다.

그러므로 제가 보기에는 당신이 G씨에게 편지를 쓸 때 생각했던 것보다 더 많은 부분에서 우리의 의견이 일치하는 듯합니다. 그 내용을 정리하자면 다음과 같습니다. (1) 저는 당신이 행하고자 하는 구분을 신율주의자들 역시 제시하고 있다고 생각합니다. 다만 그들은 그 구분을 '작은 글씨'로 언급할 뿐입니다(뚜렷이 강조하지 않는다는 의미─옮긴이). (2) 저는 '규범으로서의 규범'과 '상황에 맞게 조정된 규범' 사이를 구분 짓는 일이 타당하다고 봅니다. 다만 우리가 이 구분을 활용하기 위해서는 몇몇 부분에서 단서를 달아야만 합니다. (a) 우리는 상대주의에 빠지지 않도록 경계해야 합니다. (b) '규범으로서의 규범'은 성경의 권위를 정당하게 나타내는 표현으로 쓰일 수 있지만, 다른 표현들과 함께 쓰이지 않는다면 그릇된 용어가 될 수 있습니다. (c) 이 두 규범 사이의 구분은 현재의 논증들을 해결하는 일에서 당신의 생각만큼 큰 차이점을 만들어내지 못할지도 모릅니다. 물론 이런 제 관점이 틀렸으며, 어쩌면 신율주의자들은 당신의 이 구분을 제대로 파악하지 못하고 있을 수도 있습니다. 하지만 그럴지라도 그들은 자신들의 입장을 많이 수정하는 일이 없이 이 구분을 받아들일 수 **있게 되리라고** 생각합니다.

저는 당신이 쓴 편지의 마지막 문단에서 '웨스트민스터 신학교를 맹비난하는 일'에 반대하는 내용을 읽고서 무척 기뻤습니다. 우리 학교의 홍보물에도 이런 종류의 문구들을 쓸 수 있다면 참 좋겠군요! 하지만 안타깝게도 무언가에 대해 홍보할 때에는 그 대상에 관해 누군가 비판적인 태도를 취한 적이 있다는 인상을 주어서는 안 된다는 것이 현재 광고업계의 규범(!)이라고 합니다.

하나님께서 그분을 위한 당신의 수고에 풍성한 복을 주시기를 빕니다. 저는 당신이 수고하고 있는 분야가 무엇이든 간에, 그 일을 통해 계속해서 우리가 어려운 질문들을 숙고하는 일에 도움을 준다는 점에 감사합니다.

주께서 우리를 아시듯이 그분을 아는 일

고린도전서 13:12에서 바울은 언젠가 "주께서 [우리를] 아신 것 같이" 우리가 그분을 "온전히 알[게]" 될 것이라고 언급하는데, 이 진술을 어떻게 이해해야 하는가? 이 진술은 곧 그때에 우리가 하나님의 것과 동등한 지식을 소유하게 될 것임을 의미하는가?

○ **2011년 8월 26일** ○

S 씨에게

"온전히"라는 말의 의미는 늘 그 맥락에 달려 있습니다. 고린도전서 13장의 맥락은 어린아이와 어른의 상태를 대조하는 것이지요. 어른이 되면 우리는 미숙한 어린아이의 일들을 내려놓게 됩니다. 그러니 이 본문에서는 부분적인 지식과 완전한 지식을 서로 대비시키는 것이 아닙니다. 여기서 대비되는 것은 오히려 어린아이의 지식과 어른의 지식입니다. 그리고 본문의 더 넓은 맥락을 살필 때, 사랑은 기독교의 핵심 미덕이라는 점과 사랑에는 지적인 겸손이 요구된다는 점이 언급되고 있습니다(참조. 8:1-3). 따라서 우리는 우리 자신이 현재 지닌 지식이 부분적이며 단편적인 것임을 이해할 필요가 있습니다. 그리할 때 우리는 가장 지식이 많은 사람이 누구인지를 놓고 다른 신자들을 상대로 유치한 말다툼을 벌이는 일에서 벗어날 수 있게 될 것입니다.

    그러므로 고린도전서 13:12은 잠시 철학적 인식론으로 우회

우리는 모두 철학자입니다

하는 구절이 아닙니다. 여기서 바울은 우리가 하나님에 대한 완전한 지식을 얻게 될 것이라고 말하고 있지 않습니다. 물론 하나님은 우리를 아는 완전한 지식을 소유하고 계시지만, 그것은 이 구절에서 바울이 말하는 요점이 아닙니다. 오히려 이 구절의 요점은 장차 하늘에서 우리는 하나님에 관해 지금 우리가 지닌 것과는 다른 수준에 속하는 지식을 얻게 되리라는 데 있습니다. 이는 어린 아이의 지식과 어른의 지식이 서로 다른 것과 마찬가지인 것입니다. 이 본문은 하나님에 관한 명제적인 지식을 익히는 것이 아니라 인격체이신 그분을 알고 친교를 누리는 것을 강조합니다. 그러므로 그때에 우리는 더 높은 수준의 친교 안으로 들어가게 됩니다. 곧 어떤 심상을 통해서만이 아니라 그분과 직접 얼굴을 마주하고 교제를 나누게 되는 것입니다. 이런 차원에서 우리를 아는 하나님의 지식과 그분을 아는 우리의 지식 사이에는 유사성이 존재합니다. 그때에 우리는 주님과 얼굴을 맞대고 교제를 누릴 것이며, 그분 역시 우리와 더불어 그런 교제를 나누실 것입니다.

이것이 주어진 짧은 시간에 제가 드릴 수 있는 최선의 설명입니다.

'믿음'이란 무엇인가?

어떤 이가 내 글들 가운데서 믿음의 개념을 구체적으로 다룬 부분을 찾지 못했다고 하며 편지를 보내왔다.

I 씨에게

보내 주신 편지에 감사드립니다.

제가 '믿음'이라는 용어 자체에 관해 논한 적이 있는지 모르겠군요. 물론 구원의 맥락에서 이 용어는 '구원의 신앙'saving faith 과 같은 뜻을 지닙니다. 만일 당신이 사도신경을 구원의 신앙이 고백하는 내용을 담은 문서로 여긴다면, 이때에는 그 신조를 살펴보는 편이 좋을 것입니다.

다른 한편으로 '믿음'은 종종 '참된 명제들에 동의하는 일'과 동일시됩니다. 이 동의는 구원의 신앙이 지닌 한 측면이지만, 그 신앙의 전부는 아닙니다. 그리고 참된 명제를 믿는 일은 대략적으로 말해서 지식과 거의 동일한 실재라고 할 수 있습니다. 철학적으로 정의할 때 지식은 곧 '정당화된 참인 믿음'이지요.

『신지식론』은 물론 '지식'에 관한 책입니다. 그것은 하나님을 아는 지식에 관한 책이지만, 동시에 다른 일들을 아는 지식에 관한 책이기도 하지요. 『신지식론』에 담긴 거의 모든 내용은 이 '믿음'의 문제와 관련이 있습니다. 당신은 그 책의 54-57쪽에 실린 저와 고든 클라크 사이의 논의를 참조할 수 있을 것입니다. 클라크는 신앙을 참된 명제들에 동의하는 일로 정의하는데, 저는 그 정의를 지혜롭지 못한 것으로 여깁니다. 그러나 만약 당신이 가능한 한 가장 강력한 의미에서 그런 명제들에 '동의한다면', 당신은 자신이 동의하는 그 명제들을 좇아 살게 될 것입니다. 그리고 이때 당신은 그 명제들을 계시해 주신 하나님을 온전히 신뢰하게 되는 것입니다. 이런 경우에, 그리고 오직 이런 경우에만 우리의 동의는 구원의 신앙과 동등한 것이 됩니다. 여하튼 이 부분에 실린 '동의'에 관한 논의가 바로 당신이 찾던 내용일지도 모르겠군요.

따라서 저는 '믿음'을 구원의 신앙과 동등한 것 또는 그 신앙속에 담겨 있는 동의의 요소를 가리키는 것으로 이해합니다. 그'믿음' 속에는 (1) 진리를 받아들이는 일(규범적 측면)과 (2) 그 진리에 일관성 있게 부합하는 행동(상황적 측면), 그리고 (3) 인지적인 안식(실존적 측면)이 포함됩니다. 그러므로 그 밖의 다른 대안을 찾으려는 경향성이 사라지게 되는 것입니다.[2]

이 내용이 도움이 되시기를 빕니다.

추신: 한 가지 덧붙일 점이 있습니다. 만약 지식이 '정당화된 참인 믿음'이라면, 이때 '정당화'는 규범적인 요소를, '참'은 상황적인 요소를, 그리고 '믿음'은 실존적인 요소를 나타낸다는 것입니다. 지식을 위해서는 우리의 인격적인 헌신이 요구됩니다.

이성이란 무엇이며, 우리는 그것을 어떻게 사용하는가?

한 학생이 나에게 편지를 썼다.

프레임 박사님께

저는 심리철학에 관한 논문을 작성하고 있습니다. 박사님도 아시듯이 이 분야는 오랜 역사를 가진 주체-객체의 구분에 관해 다루는 영역이지요. 저는 자연스럽게 이 주제에 연관하여 규범들이 지니는 역할을 논하는 일에 관심을 품게 되었습니다. 그래서 저는 의식적인 경험(실존적인 영역)에서 규범들의 역할을 다루는 쪽으로 논문의 주제를 좁혀 보았습니다. 이에 따라 지금은 우리의 사유를 지배하는 법칙들과 자아의 관계에 관해 박사님이 『신지식론』에서 언급하신 논의를 살피는 중입니다.

제가 드리고 싶은 질문은 다음과 같습니다. 저는 박사님의 강의 내용 가운데서 '이성'이라는 용어를 주어진 자료들을 '파악하는' 어떤 기능의 의미로 사용하시는 것을 보았습니다. 이를테면 우리는 우리 자신이 이미 가진 개념이나 이론에 근거해서 사물들에 일종의 '질서'를 부여하기 때문에 박사님의 이런 용법은 저에게도 직관적으로 뚜렷이 와닿습니다. 다만 저는 여기에 박사님이 교육적인 측면에서 좀 더 덧붙일 말씀이 있으신지 여쭤어보고 싶습니다. 저는 우리가 의식적인 체험의 영역에서 규범들에 의존해야 할 이유들을 찾아내려 하고 있습니다. 그런데 저의 논지를 강화하기 위해서는 먼저 규범들이 우리의 사유를 어떻게 주관하는지에 관한 저의 이해를 심화시켜야 할 것 같아서 이런 질문을 드립니다.

우리는 모두 철학자입니다

이에 나는 다음과 같이 답장을 썼다.

L에게

저는 우리가 이성을 인간이 지닌 한 기능으로 정의해야 한다는 점을 늘 언급해 왔습니다. 이성은 추론을 이끌어 내고 모순을 인식하며, 증거를 수집하고 자료를 해석하는 일 등을 감당하는 우리의 능력입니다.

이에 대한 대안적인 관점은 이성을 하나의 내용을 지닌 사유로 규정하는 것입니다. 논리 법칙들이나 과학적인 지식, 누군가의 철학(이를테면 헤겔의 철학) 등이 그런 경우이지요. 이런 접근법에 따르면 '이성'은 나 자신의 고유한 견해가 되며, 학생에게는 학생 자신의 고유한 견해가 됩니다. 하지만 이 경우에 우리는 자신의 견해에 동의하지 않는 이들을 처음부터 비이성적인 사람들로 단정 짓는 셈이 됩니다. 물론 제가 저의 견해에 동의하지 않는 이들을 비이성적인 사람들로 여기는 것은 사실입니다. 그러나 처음부터 그런 식으로 언급하는 것은 대화의 가능성 자체를 묵살하는 것이지요.

만약 이성이 인간적인 기능 중 하나라면, 추론은 **인격적인** 활동이 됩니다. 그리고 이성을 사용하는 이들은 자신이 어떻게 추론할 것인지를 선택해야만 하지요(결국 그것은 종교적인 선택이 될 것입니다). 이것은 물론 규범적인 질문입니다. 궁극적으로 이 질문은 다음과 같습니다. "내 이성이 마땅한 방식대로 기능하기 위해서는 내가 어떤 규칙들을 좇아야 할까?" 이 질문의 답은 물론 논리 법칙들과 경험적인 방법론에서 찾을 수 있을 것입니다. 그러나 그리스도인들의 경우에 그 궁극적인 답은 성경의 규범들 속에 있습니다. 심지어 논리 법칙들과 경험적인 방법론의 경우에도 그 정당성을 인정해 주는 근거가 되는 것은 바로 하나님의 계시입니다. 그분의 계시가 없이는 이 하위 규범들이 의미 있게 기능할 수 없습니다.

우리는 보통 일상생활에서 다음과 같이 말하지 않습니다. "오, 저기 차가 한 대 있군! 저 차가 택시인지 아닌지 판단하기 위해서 성경의 규범들을 적용해 보아야 하겠어." 다시 말해, 우리가 일상생활에서 규범들을 적용하는 일은 대부분 무의식적인 방식으로 이루어지는 것입니다. 하지만 만약 우리의 추론이 규범의 통제 아래 놓이지 않는다면, 그 추론은 어느 지점에선가 그 역할을 감당하는 데 실패하게 될 것입니다.

이 내용이 도움이 되길 빕니다.

이성, 논리, 감정

○ **2012년 11월 28일** ○

V에게

중요한 일은 '이성', '감정'과 같은 용어들의 의미를 정의하는 것입니다. 가장 좁은 의미에서 '이성'은 (1) 타당한 추론과 그렇지 못한

우리는 모두 철학자입니다

추론들을 서로 구분 지으며 (2) 일관성과 모순을 인식할 수 있게 하는 인간의 능력을 가리킵니다.

이렇게 이해한다면 이성은 곧 '논리'의 범주 아래서 학문적으로 연구되는 일들을 수행할 수 있는 인간의 능력이 됩니다. 하지만 이렇게 규정된 이성**만 가지고서는** 어떤 일의 참됨을 판단할 수 없다는 점을 지적하는 것이 중요합니다. 적어도 논리적인 삼단 논법에는 전제들이 요구됩니다. 그런데 이 전제들은 논리의 외부에서 유래하는 것입니다. 이런 전제들은 우리의 감각적인 경험이나 다른 이들의 증언, 누군가의 권위 또는 심지어 우리 자신의 감정에서 나옵니다. 따라서 더 넓은 의미에서 살펴보면 우리의 이성은 형식 논리의 작용 범위 안에만 제한되지 않습니다. 왜냐하면 좋은 논증의 경우, 논리의 규칙들에 종속될 뿐 아니라(타당성) 동시에 참된 전제들을 지닌 것이기도 하기 때문입니다(건전성).

성경의 관점에서는 우리의 지식이 이성이나 지성, 또는 논리의 활동에 국한되지 않습니다. 오히려 그 지식은 우리의 전인격 안에 머무는 것입니다. 그렇기에 성경에서 "그러므로"라는 단어로 끝나는 논증들(예를 들어 롬 8:1이나 12:1의 경우)은 대개 여러 종류의 전제와 증거들에 그 기반을 두고 있습니다.

『신지식론』에서 저는 우리의 '지성'이 그 일을 수행하기 위해서는 우리의 감각적인 경험과 다른 이들의 증언, 심지어는 우리 자신의 감정에 의존해야 한다는 점을 탐구했습니다. 그리고 우리의 뇌에서 우리가 경험한 감각들을 분류해서 개념화하지 않는 한,

우리의 '감각적인 경험' 역시 자신의 일을 수행할 수 없습니다. 그런데 이 같은 개념화에는 종종 논리가 요구되는 것입니다. 따라서 우리의 합리성과 감각적인 경험, 그리고 우리 자신의 감정까지도 서로 의존적인 관계 속에 있습니다.

그러므로 '이성'은 더 넓은 의미에서 이렇게 정의될 수 있습니다. '우리가 지닌 정신의 **체계적인** 활용'이 바로 그것입니다. (이 안에는 우리의 **모든** 능력들, 곧 감각과 증언, 감정 등이 포함됩니다.) 만약 T가 자신의 주장을 펴기 원한다면 그녀는 바로 이 지점에서 그리해야 합니다. 이때 그녀는 우리의 머릿속에 순간적으로 떠오르는 어리석은 개념들을 내세우기보다는 체계적인 방법론에 입각해서 지식을 추구하는 편이 낫다는 식으로 자신의 요점을 제시해야 할 것입니다. 저는 그녀가 그 논의의 대상 가운데서 감정이나 상상력을 제외시키는 일을 추천하지 않습니다. "모든 것을 입증하라"는 바울의 권면(살전 5:21, 개역개정판에는 "범사에 헤아려"로 번역되어 있다—옮긴이)이 아마 그녀의 주장에 대한 성경적 근거가 될 수 있을 것입니다.

다만 이런 측면에서 '체계'가 의미하는 바에 관해서는 언급할 내용이 많습니다. 여기서 그 단어는 분명히 '우리 자신이 지닌 전제들을 스스로 의식하는 일'을 나타냅니다. 어떤 논증의 옳고 그름을 평가하기 위해서는 우리가 의존할 수 있는 어떤 기준들이 있어야 합니다. 바로 이 지점에서 우리의 신앙이 개입하게 됩니다. 우리는 이 일에서 하나님의 계시가 지니는 역할을 결정해야 합니다.

우리는 모두 철학자입니다

설득은 증명의 한 요소인가?

한 친구는 이 문제를 살피는 중에 내가 『신지식론』에서 공식화한 설명이 이후 『하나님의 영광을 위한 변증학』에서 언급했던 내용과 일치하지 않음을 보여주었다. 아래의 편지에서 나는 이 두 책의 논의를 서로 조화시키려 애쓰지 않으면서 2012년 당시에 내가 갖고 있던 견해를 제시했다.

○ **2012년 9월 17일** ○

J에게

네, 저는 그 문제를 인정합니다. 그 두 책에서 제시되는 증명의 정의들은 상충되는 성격을 지닙니다.

물론 '증명'proof은 유연한 쓰임새를 가진 용어입니다. 성경에서는 그 용어를 거의 사용하지 않지만, 어쩌다 사용될 경우에 그 단어는 사도행전 1:3에서처럼 '마땅히 설득력을 지니는 일'을 의미하는 것으로 보입니다(개역개정판에는 이 단어가 "증거"로 번역되어 있다—옮긴이). 그리고 제 생각에 사도행전 1:3에서 그 단어는 어떤 논증보다는 사건들을 가리키는 것으로 여겨집니다. 다만 사건들이 하나의 논증을 위한 자료의 역할을 할 수 있는 것 역시 사실입니다.

저는 요즘 강의 시간에 '증명'이라는 용어를 자주 사용하지 않습니다. 다만 다른 이들이 그 단어를 쓴 일에 관해 언급할 때에만 그 용어를 거론하고 있지요. 저는 학생들에게 '좋은 논증'은 다음의 세 가지 특징을 가져야 한다고 가르칩니다. (1) 논리적 타당성(규범적인 요소)과 (2) 참된 전제들(상황적인 요소), (3) 설득력 있는 내용(실존적인 요소)이 바로 그것들입니다. 제가 '협소한 순환 논증'으로 부르는 논증들은 이 가운데서 (1)과 (2)의 특징을 지니고 있습니다. (3)에 관해 논하자면, 아마 이 논증들은 설득력을 **반드시 가져야 한다**고 언급할 수 있을 것입니다. 하지만 실제로 그러한 경우는 거의 드뭅니다. 그렇기 때문에 우리는 그 논증의 범위를 '넓히게' 됩니다. 이는 곧 자신의 논증을 더욱 설득력 있게 만들려는 시도입니다.

어떤 의미에서 사람을 설득하는 것은 성령님이 행하시는 사역입니다. 하지만 우리는 그분의 일을 도울 책임이 있습니다. 우리는 예수님과 성경의 저자들이 보여준 본을 좇아 가능한 한 최선의 논증을 제시해야 합니다.

설득은 모든 증명이 가지는 한 가지 요소입니다. 따라서 협소한 순환 논증 또한 마땅히 설득력을 지니는 논증이 **되어야** 합니다. 그리고 성령님이 우리가 제시하는 더 넓은 범위의 순환 논증을 사용해서 일하실 때, 설득은 실제로 이루어집니다.

선천적인 지식과 감각들

어떤 이가 내게 이렇게 질문하는 편지를 썼다.

우리가 지닌 선천적인 지식이면서도 우리 자신의 감각들을 통해 주어지지 않은 것들로는 어떤 것이 있을까요? 신학자들은 우리가 하나님을 아는 선천적인 지식을 지니고 있다고 언급하지 않습니까? 여기서 '선천적인'innate 은 곧 '타고난'inborn 을 뜻하는 것이겠지요? 혹시 박사님은 하나님을 아는 인간의 지식을 묘사하는 데에 '선천적인'이 적합하지 않은 용어라고 생각하십니까?

이에 나는 다음과 같이 답장했다.

M씨에게

감각적인 경험은 인간이 지닌 전체적인 지식 기관의 일부분일 뿐입니다. 지식에는 우리의 감각이 요구되지만, 이성과 직관, 상상력 등의 다른 것들도 요구되지요. 이에 관해서는 제가 쓴 『신지식론』을 보시기 바랍니다. 이 책에서 저는 이 모든 기능들을 하나로 결합시키려 했습니다.

　세상에는 우리의 감각으로 "느끼지" 못하면서도 우리가 알고 있는 많은 일들이 있습니다. 우리는 도덕적인 옳음을 몸으로 느낄 수 없지만 그것이 무엇인지를 알고 있습니다. 우리는 어떤 감각적인 지각의 대상으로부터 도덕적인 의무를 추론해 낼 수 없습니다. 만약 그렇게 할 수 있다고 주장할 경우, 우리는 자연주의의 오류에 빠지게 될 것입니다. 그리고 우리는 미덕이나 남성다움 같은 추상적인 특질들을 감각적으로 느낄 수가 없습니다(우리는 한 남자의 모습을 감각적으로 파악할 수 있지만, 하나의 보편적인 특성으로서의 남성다움을 파악할 수는 없습니다).

더 나아가서 감각적인 지식은 그것 홀로 작용하지 않습니다. 갓난아기는 한 나무의 모습을 다양한 형태로 지각하면서도 그것이 '느릅나무'임을 알아보지는 못합니다. 그러나 시간이 지남에 따라 그 아이는 '나무'나 '느릅나무'같이 추상적인 개념들을 배우게 됩니다. 그리하여 그 아이는 마침내 한 그루의 느릅나무를 바라보면서 자신이 감각적으로 느낀 내용들을 그와 다른 방식으로 터득한 정신적 범주들과 함께 결합시킬 수 있게 되는 것입니다.

나아가 우리의 감각 기관들이 우리의 뇌와 협력해서 지각 작용을 만들어내지 않는 한 우리는 어떤 것도 감지할 수 없습니다. 그리고 이 같은 협력은 지각 작용 자체와는 구별되는 것입니다.

이 점을 신학적으로 표현해 보겠습니다. 어떤 이가 첫 부활절 아침에 예수님이 묻히셨던 무덤에서 누군가 걸어 나오는 모습을 보았다고 합시다. 하지만 그는 그 감각적인 경험만을 가지고는 우리의 죄를 속하신 하나님의 아들이 우리를 의롭다 하기 위해 다시 살아나셨다는 사실을 알 수 없었을 것입니다. 그 감각적인 경험은 사도들이 전한 복음의 메시지를 통해 해석되어야만 하는 것입니다. 고린도전서 15장에서 바울은 고린도 교회의 신자들이 사도들의 설교를 통해 부활의 의미를 배우게 되었다고 언급하고 있습니다.

물론 저는 우리가 감각적인 지각 작용으로부터 **아무것도** 배울 수 없다는 고든 클라크의 견해에 동의하지 않습니다. 감각적인 지각 작용은 지식의 필수적인 요소 중 하나입니다. 다만 그 작용만으로 지식이 되기에 충분한 것은 아니지요.

제 설명이 어느 정도 도움이 되었기를 바랍니다.

진리, 관용, 상대주의

아래의 편지는 이 사안에 관해 형제단 운동·the Brethren movement 이[3] 취했던 입장을 논하는 글을 써서 보내온 독일인 친구에게 내가 쓴 답장이다.

○ **1999년 1월 8일** ○

M씨에게

당신의 소식을 다시 듣게 되어 기쁩니다. 그리고 답장이 늦어져서 미안합니다. 제가 당신의 편지를 받은 때는 한창 학생들의 기말 과제를 채점하던 기간이었답니다!

저는 형제단 운동의 역사에 관해 아는 바가 거의 없습니다. 하지만 당신의 설명처럼 그 운동이 '우리 중에 완전히 옳은 사람은 아무도 없다'라는 전제 위에 세워진 것이라면 그것은 저에게 매력적인 운동임이 분명합니다. 저 역시 개혁파에 속한 제 형제들을 향해 그 전제가 우리가 고백하는 신앙의 조항 중 하나가 되어야 함을 계속 설득하고 있습니다. 그렇기에 저는 모든 사안을 다양한 관점에서 살필 필요가 있다고 생각합니다.

다른 한편으로, 우리는 모두 다른 이들에게 진리를 전하려 할 때마다 "자신의 옳음을" 주장하게 됩니다. 이는 우리가 아무리 열린 마음으로 다른 이들의 생각을 대할지라도 마찬가지입니다. 이는 진리가 객관적인 것이기 때문입니다. 제가 무언가를 설교할 경우, 저는 그것이 진리이며 그 메시지에 동의하지 않는 이들은 그릇된 위치에 있음을 주장하는 셈이 됩니다. 그러므로 여기에는 우리를 괴롭히는 약간의 논리적인 문제가 있습니다.

하지만 이같이 어떤 것이 진리임을 주장할 때, 저는 그 주장에 다양한 정도의 확실성이나 강조점을 부여할 수 있습니다. 또 저는 저와 의견을 달리하는 이들을 향해 여러 다양한 태도를 취할 수 있습니다. 저는 심지어 제 주장이 옳을 때에도 제 자신이 **그릇될 수 있음**을 압니다. 그리고 그 점 때문에 저는 때로 저와 다른 견해를 취하는 이들에게도 어느 정도의 관용을 보이게 됩니다. 물론 이때 그 관용의 정도는 제가 품은 확실성의 수준이나 사안의 중요성 등에 따라 달라지는 것이지요.

그리스도인들은 바로 이 점을 이해하는 데 자주 실패하곤 합니다. 그들은 종종 생각하기를 만일 자신들이 진리를 소유했다면 자신과 조금이라도 견해를 달리하는 사람들은 누구라도 '바깥 어두운 곳'에 던져져야 마땅하다고 생각합니다. 그렇지 않으면 우리는 상대주의자들을 돕고 격려하는 꼴이 될 수 있다는 것이지요.

물론 우리가 열린 마음을 얼마큼 품어야 할지, 또 어떤 식으로 그 마음을 나타내야 할지를 규정하기는 어려운 일입니다. 하지만 적어도 우리는 어떤 관용도 베풀지 않을 듯한 태도를 취해서는 안 됩니다. 만약 한 교회나 교단 안에 있는 사람들이 **정확히** 동일한 내용들만을 믿고 받아들여야 하며 어떤 이견도 드러낼 수가 없다면, 그런 교단이나 교회들은 존속할 수 없을 것입니다.

그러므로 저는 당신이 쓴 글의 전체적인 요지에 동의합니다. 다만 제가 조금 실망했던 부분은 교회 연합의 가능성에 대한 당신의 비관적인 입장(당신의 글 5쪽)에 관해서였습니다. 그 부분에서 당신은 이렇게 언급했습니다. "교회가 이같이 서로 다른 수많은 집단들로 분열된 것은 아마도 교회가 자신의 일을 감당하기 위한 유일한 길이었을 것이다." 그러나 제가 저의 책 『복음주의의 재연합』 Evangelical Reunion 에서 주장했듯이 하나님은 교회가 분열되는 일을 허락하지 않으셨습니다. 따라서 우리는 그 분열을 온전히 유익한 일로만 받아들일 수가 없는 것입니다. (다만 로마서 8:28에서 언급하는 의미대로 살필 때에는 **모든** 악한 일에 그런 유익이 있다고도 말할 수 있겠습니다.) 교회는 하나님의 계획을 좇아갈 때에 자신의 일을 가장 잘 '감당하게' 됩니다. 그리고 하나님이 교회를 향해 마련하신 계획은 그것이 하나의 연합된 몸이 되는 데 있는 것입니다. 인간적인 차원에서 그 연합의 회복이 가능하든 아니든 간에 그 일은 우리가 함께 추구해야 할 하나의 이상입니다. (저 역시 그 일의 실제적인 가능성에 의문을 가지기도 하지만, 그 일이 아예 "불가능할 것"이라고 단정 짓는 당신의 태도는 너무 교조적[!]이라 생각합니다.)

당신의 글 6-9쪽에서 언급한 내용들은 매우 탁월하며, 제가 주변의 동료들에게 이야기해 온 내용과 매우 비슷합니다. (만약 당신이 말하는 내용이 제가 말하는 바와 동일하다면 정말 멋진 일이 아닐 수 없겠지요!?) 저는 당신이 미국에서 대럴 복과 크레이그 블레이싱, 로버트 사우시 등이 주창하는 '점진적인 세대주의'progressive dispensationalism 운동을 들어보았으리라고 생각합니다. 이 학자들은 세대주의와 언약 신학을 더욱 긴밀히 결합시키려고 노력하는 듯이 보입니다. 이는 전통적인 개혁파에 속한 집단 내에서 게할더스 보스의 성경신학적 작업에 영감을 받은 이들이 추진하는 '구속사' 운동에서 그리하는 바와 같습니다(후자의 경우에는 개혁신학을 언약 신학과 더욱 밀접히 결합시키려 한다—옮긴이).

저는 또한 당신의 글 9쪽 끝부분에서 "그리스도는 결코 예측 가능한 분이 아니시다"라고 언급한 것도 마음에 듭니다. 구약의 선지자들이 그리스도에 관해 예언했지만, 그분은 사람들이 기대했던 것과 같은 분이 전혀 아니었습니다. 돌이켜보면 우리는 메시아에 관한 예언과 성육신하신 예수님의 모습 사이에 경이로운 일관성이 존재하는 것을 목격하게 됩니다. 하지만 그 일관성을 헤아리기 위해서는 구약에 담긴 예언들의 깊은 내면을 들여다보면서 그 성취의 빛 아래에서 내용들을 읽어가야 합니다. 그리고 저는 더욱 많은 신학적 경이들이 영광 가운데서 우리를 기다리고 있다고 생각합니다. 지금 우리에게 주어진 계시를 열렬히 선포하는 것은 그릇된 일이 아닙니다. 하지만 우리는 늘 자신의 유한함과 이해력의 한계를 고백해야 할 것입니다.

저는 당신의 글이 형제단에 속한 이들 사이에서 좋은 반응을 얻게 될 것이라고 믿습니다. 하나님께서 당신이 올해 수고하고 애쓰는 일들에 풍성히 복 주시기를 빕니다!

하나님의 논리, 인간의 논리, 성경의 논리

우리는 신학에서 나타나는 외관상의 논리적 모순들을 어떻게 다루어야 할까? 아래의 편지에서 나는 이 문제에 접근하는 방법을 안내하고자 했다.

○ 2010년 11월 29일 ○

J에게

제가 어떤 맥락에서 그렇게 언급했는지가 잘 떠오르지 않는군요. 그리고 제가 행했던 강의 내용들을 전부 다시 들어보기에는 시간이 너무 부족합니다. 그러니 이 편지에서는 제가 사유하는 방식을 한번 재구성해 보겠습니다.

먼저 하나님은 논리적인 존재이십니다. 이는 곧 그분께서 어떤 논증들이 타당하거나 건전한 것들인지를 정확히 아시며, 또한 어떤 명제들이 서로 일치하거나 불일치하는지를 정확히 아신다는 것을 뜻합니다. 그런 의미에서 하나님의 논리는 성경보다 더 높지도, 낮지도 않은 권위를 지닙니다. 하나님의 논리와 그분의 말씀인 성경에는 모두 그분의 신적인 생각이 담겨 있으며, 이 둘은 서로 동등한 권위를 지닙니다.

우리 인간들은 하나님을 좇아 그분이 생각하시는 일들을 생각하기를 추구합니다(그렇게 하는 것이 마땅하기도 하고요). 우리는 생각하는 법을 배우면서 그분의 논리와 유사성을 지닌 인간적인 논리를 발전시키게 됩니다. 하지만 우리 자신의 유한함과 죄 때문에, 우리는 다른 모든 일들에서와 마찬가지로 이 논리의 영역에서도 오류를 범하곤 합니다. 그러므로 러셀의 논리는 어떤 부분에서 아리스토텔레스의 것과 차이가 나며, 러셀 자신은 아리스토텔레스의 논리에 오류가 있다고 여겼습니다. 이처럼 어떤 부분들에서는 우리가 다른 누군가의 논리적인 결론을 신뢰하지 않아야 할 수도 있습니다. 그러나 우리는 하나님을 늘 신뢰해야 합니다. 이런 의미에서 하나님의 말씀인 성경은 우리의 논리보다 더 높은 수준의 규범이 됩니다.

이런 요점이 실천적인 중요성을 갖는 경우는 바로 우리가 하나님의 선하심과 악의 존재라든가 그분의 주권과 인간의 책임 사이의 관계 같은 '외관상의 모순'에 직면하게 될 때입니다. 저는 이제 인간적인 논리의 관점에서 살필 경우에도 이 두 문제들이 **논리적으로** 모순이 되지는 않는다고 보는 편입니다. 하지만 예를 들어 콰인(미국의 철학자 윌러드 밴 오먼 콰인—옮긴이)의 체계에 비추어 보았을 때, 그런 문제들이 모순을 낳는 것으로 드러났다고 가정해

봅시다. 이런 경우에 우리는 마땅히 콰인의 논리보다 성경을 더 높은 수준의 진리로 간주해야 하는 것입니다.

제가 아는 한 인간적인 논리 체계에 근거해서 살필 때에도 우리가 성경의 가르침을 받들기 위해 형식적인 논리 규범들을 위반하도록 요구되는 경우들은 없습니다. 그러나 만약 이런 '외관상의' 모순이 존재할 경우, 저는 그 문제를 다루는 대안적인 방식들을 모색할 것입니다. 만일 다른 어떤 방식도 찾아내지 못한다면 저는 큰 고민 없이 그 문제를 잠시 옆으로 제쳐두고 이후에 더 나은 해답이 나타날 때를 기다릴 것입니다. 그러므로 논리를 성경보다 더 낮은 수준의 진리로 간주하는 것은 실제적인 측면보다는 좀 더 이론적인 측면에 속한 요점입니다(실질적으로는 성경과 논리 사이에 모순이 존재하지 않는다는 의미—옮긴이). 하지만 기독교 인식론의 일반적인 진술에서는 하나님의 권위를 다른 어떤 것보다도 더 높은 것으로 여기는 일이 중요합니다.

논리 법칙들

한 학생이 나에게 편지를 써서 논리의 본성에 관해 신학적으로 설명해 줄 것을 요청했다. 만약 그 편지가 2009년이 아닌 2013년에 왔더라면 나는 그에게 번 포이트리스의 『논리학』*Logic* 을 소개해 주었을 것이다.

T에게

당신의 친절한 편지에 감사드립니다.

저는 『신지식론』에서 논리의 본성을 얼마간 논한 바 있습니다. 그리고 그레그 반센 역시 고든 스타인과의 유명한 논쟁에서 그 문제를 약간 다루었습니다. 이런 자료들을 참조해도 좋을 것입니다.

논리 법칙들은 이 세상의 성격을 묘사한 규칙들로 간주될 수 있을 것입니다. 하지만 이때에 다음과 같이 추가적인 질문들이 생겨납니다. (1) 이 우주가 논리적인 성격을 지니는 **이유**는 무엇인가? 과연 이 우주가 지닌 논리적인 특성은 물질이나 운동, 시간 또는 우연에 의해 설명될 수 있는 것인가? (2) 우리는 이 우주에 관해 그저 단편적인 경험을 지닐 뿐인데, 이 우주가 논리적인 곳인지를 어떻게 알 수 있는가? (3) 우리가 논리적으로 **생각해야만 하는**ought 이유는 무엇인가? 저는 『하나님의 영광을 위한 변증학』에서 논리를 비롯한 우리의 모든 지식이 윤리적인 성격을 가진다고 주장했습니다. 이는 그 모든 지식 속에 하나의 **의무**ought 가 포함되어 있기 때문입니다. 이 **의무**는 이 우주가 이러저러한 방식으로 배열되어 있다는 사실로부터 생겨나는 것이 아닙니다. 단순한 사실들로부터 의무를 이끌어 내는 것은 하나의 자연주의적인 오류입니다. 그러므로 위의 『하나님의 영광을 위한 변증학』에서 저는 우리가 지닌 도덕적 의무의 유일한 원천은 절대적이며 인격적인 한 분이실 수밖에 없다고 역설했습니다.

만약 논리 법칙들이 비물질적이고 불변하며 보편적이고 **의무적인**(위의 논의에서 보듯이 이 점은 중요합니다) 것이라면, 그 법칙들은 절대적이며 인격적인 근원을 가지신 한 분을 그 전제로 삼는다는 것이 제 입장입니다.

이 설명이 도움이 되기를 바랍니다.

논리의 윤리

내 인식론과 변증학에서 매우 중요한 요점 중 하나는 논리가 (그리고 우리의 사유 전반이) 윤리적인 규범들에 종속된다는 것이다. 그리고 그 윤리적인 규범들은 하나님의 계시를 그 전제로 삼는다. 하지만 논리를 공부하는 일부 학생들은 이 점을 이해하는 데 어려움을 겪곤 한다.

○ **2010년 12월 8일** ○

J에게

논리의 규범들을 위반하는 일에는 "내용이 없다"라는 당신 친구의 말이 무엇을 의미하는지 잘 모르겠군요. 제가 비논리적으로 생각하고 있다면 저는 하지 말아야 할 어떤 일을 범하게 됩니다. 혹시 그 친구의 요점은 누군가를 살해하는 일이 논리적인 오류를 범하는 일보다 더 경험적인 성격을 지닌다는 것일까요? 제 생각에는 이 두

가지 일 모두 경험적인 세계 안에서 벌어지는 사건들을 가리킵니다. 그리고 이 둘 모두 어떤 개념적인 이해를 그 전제로 삼지요. 이를테면 누군가를 살해하는 일murder은 다른 형태의 살생killing과 어떤 점에서 차이가 날까요? 경험적으로 볼 때에는 전자와 후자 모두 동일한 일인 것처럼 여겨집니다. 한편 논리적인 오류는 우리를 실제로는 존재하지 않는 어딘가로 이끌어 갈 수 있지요. 이는 경험적으로 입증 가능한 움직임입니다. 그러나 그 오류의 배후에 있는 사유는 경험적인 차원으로 환원시킬 수 없는 것이지요.

그러면 어떤 식으로 정의된 윤리가 이 둘(살해와 논리적인 오류―옮긴이) 모두에 적용된다고 할 수 있을까요? 그것은 곧 '옳고 그름에 대한 우리의 관점'으로 정의된 윤리입니다. 물론 저는 『기독교 윤리학』에서 좀 더 신학적인 측면에 초점을 둔 정의를 제시했습니다. 하지만 일반적인 수준에서 언급할 때, 윤리적으로 그릇된 일은 곧 우리가 하지 말아야 할 무언가를 범하는 것입니다. 우리는 누군가를 살해하지 말아야 하며, 또 비논리적으로 생각하지도 않아야 합니다.

학생이 보내준 글의 두 번째 단락에 관해 논하자면, 논리와 윤리의 영역 모두에서 (1) 그 원칙들 자체와 (2) 그 원칙들을 유념해야 할 우리의 의무 사이에는 차이점이 있다는 것이 제 생각입니다. 예를 들어 어떤 이는 탁월한 윤리 이론을 지니고 있으면서도 여전히 매우 나쁜 사람일 수 있습니다. 하지만 윤리에 관해 유념하는 것은 하나의 윤리적인 의무이며, 저는 논리에 관해 유념하는 것 역시 윤리적인 의무라고 생각합니다. 그리고 논리에 관해 유념하는 것은 또한 하나의 **논리적인** 의무이기도 하다는 것이 제 생각입니다. 'A가 B를 함축한다'라는 말은 무엇을 의미할까요? 부분적으로 그것은 '만일 내가 A를 믿는다면, 나는 B 역시 믿어야만 한다'는 점을 의미합니다. 그렇지 않을 경우, 논리는 실제의 세계와 아무런 연관성도 지니지 않는 그저 하나의 지적 유희가 되고 말 것입니다. (저는 『신지식론』의 247-251쪽에서 이 논증을 조금 발전시켜 보았습니다.)

그리고 여기서 우리는 다시 원래의 전제들로 돌아가게 됩니다. 곧 윤리와 논리에 대한 유신론적 이해를 전제할 때, 우리는 이 두 영역 사이의 유사성을 더 쉽게 파악할 수 있게 되는 것입니다.

우리 자신이 지닌 모순을 인정하기

아래의 편지에서 나는 그리스도인들이 더욱 자신의 모순을 인정해야 하는 이유를 논했다.

○ 2012년 12월 19일 ○

R에게

저는 대다수의 철학자들이 그들 자신의 체계 안에 있는 모순을 인식하지 못하고 있다고 봅니다. 그러나 그중 한 예외는 플라톤의 경우인데, 후기의 대화편인 『파르메니데스』*Parmenides*에서 그는 자신의 형상/질료 구도에 관한 일부 중요한 반론들에 응수하지 못하고 있습니다. 또 다른 예외는 비트겐슈타인의 경우입니다. 그는 자신의 『논고』*Tractatus* 끝부분에서, 그 책이 자신이 세운 언어의 유의미성에 관한 규칙들을 위반하고 있음을 인정하면서 그 책의 내용이 그저 신비적인 숙고에 대한 하나의 보조물로 간주되어야 한다고 밝혔습니다.

하지만 대부분의 철학자들은 그런 모순을 인정하기를 꺼리며, 심지어는 자신의 체계 안에 어떤 긴장이 있음조차 받아들이지 않으려 합니다. 그렇기에 때로 그들은 (데카르트가 내놓은 '송과선' 이론[사람의 뇌 속에 있는 송과선에 정신이 깃들어 있다는 이론—옮긴이]의 경우에서 보듯이) 자신의 체계 안에 있는 문제들을 해소하기 위해 그다지 설득력이 없는 임시방편에 의존하기도 합니다. 그러나 대부분의 경우에는 아예 그런 방편조차 제시하지 않습니다.

우리 그리스도인들은 자신들의 체계 안에 있는 긴장과 외관상의 모순을 더 기꺼이 받아들일 준비가 되어 있어야 합니다. 이는 이 세상의 실재를 확립하시는 하나님의 마음이 우리가 헤아릴 수 있는 것보다 더 높은 수준에 있음을 믿기 때문입니다. 우리 인간의 마음으로는 (지금 또는 영원히) 어떤 문제의 해답을 알아낼 수 없을지라도, 하나님은 그 해답을 가지고 계신다는 것을 인정하는 일이 우리 그리스도인들에게는 어렵지 않습니다. 하지만 안타깝게도, 때로 우리는 마치 우리 자신이 오류 없는 존재인 것처럼 행동하곤 합니다.

　　　　　우리는 모두 철학자입니다

"우리는 어떻게 진리를 확신할 수 있는가?" 나는 아래의 짧은 편지에서 이 질문에 답하기 위해 필요한 핵심적인 내용을 서술했다.

○ **2011년 7월 21일** ○

J에게

편지를 보내주시고 또 저의 작업에 관심을 가져주셔서 감사합니다.

우리의 성경 해석이 늘 수정될 가능성 아래 놓여 있다는 것은 옳습니다. 그러나 당신이 언급하신 것처럼, 우리의 해석은 오직 성경 자체에서 유래한 인식론을 방편으로 삼아서만 수정될 수 있습니다. 곧 종교개혁자들이 말했던 것과 같이 "성경이 그 자체의 해석자"Scriptura sui ipsius interpres 인 것입니다. 이 과정에는 일종의 순환 논리가 담겨 있는데, 저는 『신지식론』과 다른 여러 글들에서 그 논리를 논의한 바 있습니다(이를테면 『하나님의 영광을 위한 변증학』이나 『하나님 말씀의 교리』를 보십시오).

이런 입장이 실제로 의미하는 바는 곧 성경에서 모호하게 여겨지는 내용을 접할 때, 우리는 그와 동일한 주제를 더 선명하게 다루고 있는 본문들에 의존해야 한다는 것입니다. 성경은 이같이 좋은 의미에서 풍성한 구조를 지니고 있습니다. 성경은 스스로의 가르침을 다양한 문맥에서 여러 차례에 걸쳐 반복적으로 제시합니다.

물론 결국에는 우리가 성경의 본문들을 서로 비교하는 일을 통해서도 파악할 수 없는 어떤 내용들이 남아 있게 될 것입니다. 그 내용들 중 일부는 어쩌면 인간의 마음으로 헤아릴 수 있는 수준을 넘어서는 것일지도 모릅니다. 그리고 또 다른 내용들의 경우, 우리가 이후에 천국에서는 이해하게 되겠지만 지금은 그리할 수 없는 것들일 수도 있습니다. 그리고 또 다른 내용들의 경우에는 그 의미를 발견하기 위해 우리보다 더 명민한 신학자들이 나타나기를 기다려야 할 수도 있습니다. 하지만 이런 가능성들 가운데 그 어떤 것도 성경 자체의 무오류성을 무효로 만들지는 않습니다. 실로 하나님이 우리에게 오류 없이 영감된 책을 주셨다면, 우리가 그 내용 중 일부를 헤아리지 못하는 것은 당연한 일입니다(이는 우리가 오류를 지닌 인간이기 때문이다—옮긴이).

이처럼 우리의 해석이 틀릴 수 있음을 고려할 때, 우리는 어떻게 성경에 대한 신뢰를 간직할 수 있을까요? 이에 관해 답하자면 우선 우리에게는 모든 그리스도인들이 확실히 믿고 따를 수 있는 일부 진리들이 있습니다. 하나님이 계신다는 것과 예수님이 그분의 아들이시라는 것, 그리스도께서 우리의 죄를 위해 죽으시고 다시 살아나셨다는 것이 그런 진리들입니다. 이 확실한 진리들은 우리가 믿고 따를 기초적인 지적 토대를 이룹니다. 그리고 다른 모든 지식들의 경우, 우리가 그 지식들을 믿고 받아들이기 위해서는 이 진리들과 조화될 수 있는 것이어야 합니다. 또 성경에 대한 우리의 지식이 자라감에 따라, 그 지적인 토대 위에 여러 명제들

우리는 모두 철학자입니다

이 추가되며 확실성 역시 증가하게 될 것입니다. 물론 우리는 모든 일에 관해 온전히 확실한 지식을 소유하게 되지는 못할 것입니다. 하지만 우리에게는 다른 비그리스도인들이 가진 지식의 수준을 능가하는 지식의 토대가 있습니다.

이 문제를 실제적인 측면에서 접근하기 위해서 우리는 여러 가지 방편들을 동원하여 자신의 성경 해석을 시험해 보아야 합니다(그리고 그 방편들 가운데는 성경 외의 자료들도 포함됩니다). 그러나 이를 통해 성경이 말씀하는 바에 관해 분명한 해석에 이르렀을 때, 우리는 다른 모든 권위들을 제쳐 두고서 그 해석을 따르게 됩니다.

이 문제에 관해 더 많은 내용을 살펴보시려면 제 웹사이트에 있는 다음의 글을 보십시오. https://frame-poythress.org/certainty/. 저는 『하나님 말씀의 교리』에서도 이 문제를 어느 정도 다루었습니다.

확실성을 보증하는 논증들이 있는가?

반 틸은 자신의 초월적인 논증이 기독교 유신론의 진리가 지닌 '절대적인 확실성'을 보증한다고 주장한 바 있다. 이에 관해 어떤 이가 그 일이 어떻게 가능한지를 묻는 편지를 내게 보내왔다. 그리고 나는 다음과 같이 응답했다.

1. 다음과 같은 좁은 의미의 순환 논증을 한 번 생각해 보십시오. "성경은 하나님이 참되시다고 말한다. 성경은 하나님의 말씀이다. 그러므로 성경은 참되다." 이제 이 논증은 회의론자들에게 그다지 설득력을 갖지 못합니다. 하지만 이 논증은 절대적으로 정당하며 또한 타당합니다(이는 곧 그 전제들이 참되다는 말입니다). 그리고 이 논증은 확실성을 **보증하는데**, 이는 비록 그 논증이 실제로 모든 사람을 설득시키지는 못할지라도 모든 사람이 그것에 의해 설득되는 일이 **마땅하다**는 의미에서 그러합니다.

2. 만약 일반 계시에 속한 모든 자료들을 수집해서 그 자료들을 가지고 하나님의 존재에 관한 완벽한 논증을 구성하는 일이 가능하다면, 그 논증은 하나님의 존재가 지닌 확실성을 보증할 것입니다.

3. 그리고 이 일에는 성령님의 사역이 요청되는데, 이는 우리가 가진 증거의 질이나 양을 개선하기 위함이 아니라 성령님께서 친히 그 증거의 의미를 일깨우시며 우리로 하여금 그 증거를 바르게 숙고하도록 설득하시는 일이 요구되기 때문입니다. 성령님은 80%의 개연성을 지닌 논증을 100%의 개연성을 지닌 것으로 변화시키시는 것이 아닙니다. 오히려 그분은 우리의 눈을 여셔서, 하나님이 친히 만들어 두신 증거들이 이미 100%의 개연성을 지닌다는 것을 볼 수 있게 하십니다.

4. 우리로 하여금 올바른 **전제**를 세울 수 있게 하시는 분은 바로

성령님이십니다. 그리하여 성경의 하나님이 계심을 전제하고 그 위에서 추론해 나갈 때, 우리는 그 전제를 우리가 지닌 확실성의 궁극적인 표준이며 따라서 100% 확실한 것으로 여기게 됩니다. 이때 우리는 위의 1항에서 제시된 유형의 논증들을 받아들일 수 있게 되며, 이를 받아들이지 않는 경우에는 그 논증들이 설득력 있게 들리지 않을 것입니다.

이에 대해 그는 다음의 답장을 보내왔다.

저는 지난 월요일부터 박사님이 언급하신 이 네 가지 항목을 숙고해 왔습니다. (저는 아침마다 한 시간씩 산책하는데, 이 시간은 이런 종류의 일들에 관해 생각할 좋은 기회가 됩니다.) 저는 특히 박사님이 언급하신 다음의 두 번째 항목에 흥미를 느꼈습니다. "만약 일반 계시에 속한 모든 자료들을 수집해서 그 자료들을 가지고 하나님의 존재에 관한 완벽한 논증을 구성하는 일이 가능하다면, 그 논증은 하나님의 존재가 지닌 확실성을 보증할 것입니다." 처음에 저는 이 항목이 그저 하나의 이상을 표현한 것일 뿐이라고 여겼습니다. 변증학적인 측면에서 살펴보더라도 어떤 이상이 도달 불가능한 것이라면 그 일에 과연 무슨 유익이 있겠습니까? 그러나 이번 주 내내 이 일에 관해 숙고하면서, 저는 이 두 번째 항목이 실제로는 다른 세 가지 요점을 이해하는 열쇠가 된다고 생각하게 되었습니다. 사실 저는 이 항목이 단순한 이상의 수준을 넘어서는 의미를 지닌다고 봅니다. 오히려 우리가 기독교 신앙의 확실성에 도달하기 위해 실제로 시도하는 일들이 바로 이 항목 속에 담겨 있습니다. 다만 그것은 순전히 의식적인 활동이 아닙니다. 오히려 그 일은 대부분 우리의 마음과 양심 속에서 이루어지는 무의식적인 활동이며, 우리가 그 일 자체에 관해 숙고하는 경우에만 의식적인 활동이 된다는 것이 제 생각입니다. 이 점을 좀 더 자세히 설명해 보겠습니다.

예전에 컴퓨터 프로그래머와 분석가로 일하면서 다른 이들에게 프로그래밍을 가르칠 때, 저는 매우 복잡한 문제들과 씨름하곤 했습니다. 프로그램을 짜는 작업을 할 때, 우리는 어떤 문제를 여러 다양한 방식으로 해결할 수 있습니다. 그중 어떤 방식들은 매우 명쾌한 것이지만, 또 다른 방식은 그렇지 않기도 하지요. 제가 어려운 문제를 풀려고 애쓰다가 길이 막혔을 때(이런 일은 종종 일어났습니다), 저는 그저 그 문제와 씨름하는 일을 내일로 미루고서 잠자리에 들곤 했습니다. 그리고 다음 날 아침이 되어 잠에서 깰 때면, 그 문제에 관해 깊이 숙고하지 않았는데도 거의 언제나 머릿속에 명쾌한 해답이 떠오르곤 했었습니다. 그 이전까지는 제 머릿속이 상당히 혼란스러운 상태에 있었지만, 그때에는 그런 명쾌한 해결책이 (프로그램 코드와 함께) 하나의 계시(또는 조명)처럼 찾아오곤 했습니다. 저는 이 같은 프로그래밍의 경험을 통해 무의식적인 마음이 지닌 힘을 터득했으며, 제 생각에 이 마음은 바로 우리 양심의 처소입니다. 대부분의 경우에 이런 해결책들은 그저 효과를 나타내는 수준에 그치는 것이 아니라 매우 탁월하게 작동했습니다. 그리고 이 점에서 예외가 되는 때는 오직 제가 처음부터 그 문제를 잘못 해석했던 경우뿐이었지요.

제가 확신하건대 박사님은 이런 저의 경험이 변증학의 영역에 어떻게 적용되는지를 통찰하실 수 있을 것입니다. 뉴먼19세기 영국의 신학자이며 로마 가톨릭의 추기경이었던 존 헨리 뉴먼—옮긴이이 주창한 '추론 감각'illative sense, 개연성에 근거한 추론 행위를 통해 확신에 도달하게 하는 인간의 고유한 판단 능력—옮긴이의 개념은 바로 이 "일반 계시에 속한 모든 자료들", 또는 적어도 우리가 성령님께 의존해서 하나님을 찾는 개인들로서 수집하는 모든 자료들에 대한 판단과 평가의 행위로써 설명될 수 있습니다. 곧 우리의 양심은 성경과 성령님의 조명, 그리고 자연 세계와 우리의 자아 속에서 드러나는 하나님의 계시에 근거해서 그리스도를 믿기로 결단하게 된다고 저는 생각합니다. 저는 '누적된 사례들'에 근거한 접근법the 'cumulative case' approach의[4] 옹호자들이 주장하는 바도 바로 여기에 있다고 봅니다. 다만 그들의 입장이 지닌 문제는 이 '누적된 사례들에 근거한 논증'을 마치 기독교 신앙을 위한 중립적이고 귀납적이며 법적인 논증처럼 취급한다는 것입니다. 하지만 실제로 이 '누적된 사례들에 근거한 논증'은 영적으로 거듭난 이의 양심 속에서 진행되는 헤아림의 활동입니다. 그리고 이 활동은 각 사람의 정신 속에 입력된 자료들과 그 사람 자신의 인격성에 근거해서 법적이고 귀납적일 뿐 아니라 연역적이고 초월적인 동시에 실존적인 방식으로 이루어지지요. 이때 우리의 마음과 그 기능들이 정확히 기독교적인 확실성의 중심에 놓이게 된다는 것이 저의 생각입니다. 그리고 이 문제를 더 숙고하면서, 저는 바로 이런 사실이 좁은 의미의 순환 논증에 관해 박사님이 언급하신 첫 번째 요점이 옳은 이유를 설명해 준다는 결론을 얻게 되었습니다. (이는 그 논증이 "회의론자들에게 그다지 설득력을 갖지" 못할지라도 그러합니다.) 곧 그 좁은 의미의 논증은 절대적으로 정당하고 타당한데, 이는 바로 우리의 양심이 하나님의 계시와 (아마도) 다른 추가적인 논증들, 성령님의 사역에 근거해서 그 논증의 대전제와 소전제들에 찬동할 경우에 그러하다는 것입니다. 여기서 제가 정말로 말씀드리고 싶은 바는, 전제주의presuppositionalism의[5] 휘장 아래에는 (바르게 이해된 의미의) '누적된 사례들'에 근거한 접근법이 실제로 자리 잡고 있다는 것입니다. (저는 이 접근법을 '누적된 양심의 감화'에 근거한 접근법 the cumulative conscience approach 이라고 부르고 싶습니다.) 이 순환 논증의 대전제와 소전제들이 그저 '기초적인 믿음'이나 전제들인 데에 그치지 않고 또한 다른 논증들과 성령님의 증거에 의해 지지될 수 있음을 전제주의자들이 기꺼이 인정하는 한, 저는 이 두 입장은 서로 양립 가능하다고 생각합니다. (제가 이해한 바대로라면 아마 박사님도 이 점에 동의하시리라고 믿습니다.) 본질적으로 저는 전제주의자들이 뉴먼의 '추론 감각'에 담긴 중요성을 인정해야 한다고 봅니다. 그렇지 않으면 그들의 논증은 늘 부정적인 순환 논리처럼 들리게 될 것입니다. 저의 핵심 요점은 좁은 의미의 순환 논증이 그저 하나의 순환 논리에 그치지 않는다는 것입니다.

이는 그 논증의 전제들이 그저 당연한 것으로 전제될 수 있지만, 또한 그 전제들을 내세우려는 단순한 결정 이상의 것(이는 다른 논 증들이나 성령님의 증거 등을 가리킨다—옮긴이)에 의해 지지될 수 도 있기 때문에 그러합니다. 물론 그 논증은 고유한 논리적 가치 를 지니지만, 사실 그 바탕에는 우리의 양심에서 수행되는 복잡한 헤아림의 활동이 있다는 것이 제 생각입니다. 박사님께서도 이런 저의 견해에 동의하시는지요?

이에 관해 나는 다음과 같이 응답했다.

저는 그 책의 개념들이 어떻게 발전될 수 있을지에 관한 당신의 논평들에 동의합니다. 또한 그 책에 관해 나누어 주신 생각들 역 시 흥미롭군요.

저 역시 잠을 자는 사이에 마음속에서 문제가 해결되는 것을 종종 체험하곤 합니다.

이 문제에 관해 우리는 뉴먼의 견해와 더불어 폴라니 헝가리 출신 의 과학철학자였던 마이클 폴라니—옮긴이 의 '암묵적 지식' tacit knowledge, 경험과 학습에 의해 몸에 쌓인 것으로서 언어 이전의 차원에 있는 지식—옮긴이 개념을 생각해 볼 수 있을 것입니 다. 폴라니에 따르면 우리는 어떤 문제를 해결하려 할 때마다 온갖 종류의 무의식적인 개념들을 동원하게 됩니다. 그리고 이때 그 지 식은 우리의 탐구 가운데서 다양한 방식으로 작용합니다. 곧 그 지 식은 우리 앞에 어떤 가설을 제시하거나 우리의 경험적인 분석을 지시하는 일, 우리의 추론을 이끌어가는 일 등을 수행하게 됩니다.

그러므로 우리가 어떤 일에 관해 확신을 품게 되는 **이유**를 파악하는 일이 항상 쉬운 것은 아닙니다. 우리가 지닌 의식적인 정신의 수준에서 살필 때에는 그 확신이 그저 하나의 느낌(인지적인 안도감)으로 다가올 수 있습니다. 하지만 만약 그 정신의 모든 무의식적인 작용들을 파악할 수 있다면, 우리는 자신이 하나님의 도우심을 힘입어 설득력 있는 (그리고 명쾌한!) 논증을 이미 수립했다는 점을 깨닫게 될 것입니다.

물론 '앎'이라는 것은 누군가가 인식론이나 논리학, 또는 사유의 법칙들을 만들어 낼 생각을 품기 전부터 오랫동안 지속되어 온 인간의 활동입니다. 인식론이나 논리학 등의 학문들에서는 어떤 경우에 그 '앎'이 옳거나 그른 것이 되는지를 체계적으로 진술하려고 시도합니다. 하지만 우리는 이런 학문들이 인간 정신의 작용을 철저하게 분석해 냈다고 여길 수가 없습니다. 우리가 어떤 일들을 관찰하고 그에 관한 결론을 내릴 때 우리의 마음속에서 진행되는 일들은 대단히 복잡한 성격을 지니고 있습니다. 그렇기 때문에 우리의 인식론에서 제시할 수 있는 최선의 설명은 종종 직관에 대한 언급으로 끝맺어지곤 합니다.

우리는 자신이 안다는 것을 어떻게 알 수 있는가?

이 질문은 우리의 인식론을 더 높은 수준으로 이끌어 간다.

J에게

우리는 지식이 무엇이며 그 기준들은 어떤 것들인지에 관해 결정을 내려야 합니다. 그런 다음에 그 기준들이 충족되면 우리는 자신이 무언가를 안다는 점을 알게 될 것입니다. 이때 물론 우리는 올바른 기준들을 소유해야 합니다. 그리고 제 관점에서는 성경적이며 유신론적인 기준들이 바로 그것입니다. 이 점을 좀 더 구체적으로 설명하자면, 우리가 따를 지식의 기준들은 (1) 하나님의 계시에 부합하는가(규범적 측면), (2) 세상의 사실들에 부합하는가(상황적 측면), 그리고 (3) 개인적인 만족감이 있는가(실존적 측면-'인지적인 안도감') 등이 될 것입니다. 물론 이 각각의 기준들은 나머지 두 기준과 일관성을 유지하는 방식으로 이해되어야 합니다.

위의 내용은 제가 쓴 책『신지식론』의 논의를 정리해 본 것입니다. 그 밖에 기독교적인 관점에서 인식론을 다룬 흥미로운 책들로는 아래의 것들이 있습니다.

- 에스더 미크Esther Meek, 『앎을 향한 갈망』 Longing to Know

- _____, 『앎을 향한 사랑』 Loving to Know

- 코넬리우스 반 틸, 『기독교 지식론』 A Christian Theory of Knowledge

- _____, 『기독교 인식론 개관』 Survey of Christian Epistemology

- 제이 우드Jay Wood, 『인식론』 Epistemology

이 가운데 당신에게 도움이 되는 책이 있기를 바랍니다.

2012년에도 항상 평안하십시오.

신앙의 편에서 당혹감을 느끼는 일에 관하여

한 친구가 나에게 다음과 같이 감동적인 고백이 담긴 편지를 보내왔다.

○ 2009년 3월 24일 ○

존에게

제가 하나님 앞에서 당신에게 하나의 걸림돌이 되어 온 것에 관해 사과를 드리고 싶습니다. 이는 제가 당신을 실족하게 만들 수 있다는 뜻이 아니라, '누구든지 그분과 함께 모으지 아니하는 자는 헤치는 자'이기 때문입니다(마 12:30 참조—옮긴이). 이제부터 저는 여전히 당혹감을 느끼더라도 신앙의 '자리'에서 그리하기로 결심했다는 점을 말씀드리고 싶습니다. 이제는 불신앙과 다름없는 회의주의의 자리에서 벗어나기로 결심했습니다. 솔직히 말해서 저는 벌써 마음이 더 편안해진 것을 느끼고 있습니다. 아마 이 일은 제 인생의 주된 전환점이 될 듯합니다. 지금까지 기독교인으로 살아오면서 저는 늘 신앙과 불신앙 사이에서 갈팡질팡하곤 했습니다. 그러나 하나님은 이런 이들이 그분께로부터 무언가를 얻기를 기대해서는 안 된다고 말씀하셨지요(야고보서).

우리는 모두 철학자입니다

지금은 민수기를 다시 읽는 중입니다. 저는 당시 모세가 처했던 상황보다는 이스라엘 백성의 상황에 스스로를 더 많이 대입시키게 됩니다. 그리고 그들의 결말이 어떠했는지를 살피면서, 그들이 우리에게 본보기가 된다는 점을 되새겨 보고 있습니다(고전 10장). 전에 당신이 언급했듯이 성경에 대한 반론들과 이른바 성경이 지닌 '문제들'에 대한 지적들은 계속해서 더 많이 생겨날 것입니다. 그러니 신앙은 하나의 결단이 되어야만 할 것 같습니다. 저는 당신이 당혹감을 느끼는 가운데서도 신앙의 편에 서는 법을 아는 사람임을 보아 왔습니다. 제 생각에는 바로 그 일이 모든 차이점을 가져오는 듯합니다. 그래서 저 역시 그렇게 행하고 싶습니다.

이에 대해 나는 이렇게 응답했다.

A에게

만약 제가 당신의 말을 제대로 이해했다면 이는 놀라운 고백입니다. 저는 당신이 언급한 내용을 이렇게 표현하고 싶습니다. '당혹감은 기독교적인 삶의 한 부분이다.' 이 당혹감은 곧 우리 자신의 이해력이 협소하다는 사실과 하나님의 신비는 위대하다는 사실을 깨닫는 데서 오는 것이지요. 하지만 신자로서 당혹감을 느끼는 일과 불신자로서 그리하는 것 사이에는 큰 차이가 있습니다. 신자들의 경우에는 반 틸이 '전제'라고 부른 신앙의 헌신이 존재하지요. 그리하여 우리의 당혹감은 하나님을 향한 경배로 끝이 나게 됩니다. 지금 우리는 벼랑 끝에 서서 다음번의 논증을 통해 그 위에서 뛰어내릴 수 있을 것이라고 믿는 것이 아닙니다(이는 신앙의 결단이 비이성적인 상태를 향한 도약이 아님을 의미한다―옮긴이). 다만 신자들의 마음속에도 언제나 얼마간의 불신앙이 있기 마련이며, 이에 따라 때로는 실수로 그런 벼랑 위에 서게 되기도 합니다(여기서 '벼랑'은 인식론적인 혼란 또는 절망의 상태를 나타내며, 프레임은 신앙이 아닌 불신앙이 사람을 그런 상태로 이끌어간다고 여긴다―옮긴이).

당신이 말씀하신 것처럼 신앙과 불신앙의 문제에서 우리는 하나의 선택 또는 결단을 내려야만 합니다(다만 이때에는 우리가 그 일을 행하도록 성령님이 우리 안에서 역사하신다는 점을 전제로 삼아야 할 것입니다). 불신자들이 하나님의 진리를 거짓과 맞바꾸는 쪽을 선택하듯이(롬 1장), 신자들은 하나님의 은혜로써 그리하지 않는 쪽을 선택하게 됩니다. 이처럼 우리의 의지는 늘 우리의 지성에 영향을 미치며, 그 반대의 경우 역시 성립하는 것입니다. (우리의 지성과 감정, 의지는 하나의 삼중 관점을 이룹니다.)

그러니 당신은 놀라운 결단을 내리신 것입니다. 또는 당신이 그 결단을 그저 무의식적인 수준에 놓아두지 않고 의식적으로 드러내는 편을 선택했다고도 말할 수 있겠습니다. 저는 당신이 보여온 당혹감을 늘 신앙의 편에 속한 것으로 이해해 왔기 때문입니다(프레임이 A를 실질적으로는 이미 신앙의 편에 속한 이로 여겨 왔다는 의미―옮긴이).

우리는 모두 철학자입니다

4. 신은 존재하는가

하나님의 존재와 속성들

이 문제는 상당히 이해하기 어려운 사안이지만 일부 신학자와 변증가들은 이 일에 관심을 보여 왔다. 그리고 그중에는 이에 관해 내게 편지를 보냈던 한 학생도 포함된다.

○ 1997년 9월 18일 ○

H씨에게

지금 제 앞에는 반 틸이 쓴 그 책이 놓여 있지 않습니다. 다만 제 생각에 그가 말하고자 했던 바는, 아마 우리가 하나님의 존재를 증명하려 들기 전에 먼저 우리가 옹호하는 그분이 어떤 종류의 신인지를 명확히 해야 한다는 점이었을 듯싶군요. 오늘날에는 온갖 유형의 '신'들이 경배의 대상이 되고 있습니다. 범신론적인 신과

이신론의 신, 뉴에이지 사상의 신, 과정신학의 신, 모르몬교의 신 등이 그 가운데 포함되지요. 만약 이런 신들 중 하나가 존재한다면 성경의 하나님은 계시지 않을 것이며, 그 반대의 경우 역시 마찬가지입니다(이는 이런 신들과 성경의 하나님은 서로 대립되는 속성을 지니기 때문이다—옮긴이). 그리고 이런 각각의 신들을 옹호하기 위해서는 서로 다른 종류의 논증들이 요구됩니다. 따라서 '일반적인 의미의 신'이 존재함을 먼저 주장한 후에 우리가 언급하는 신이 구체적으로 어떤 신인지를 밝히는 것은 불가능합니다.

당신은 시편 19:1-4을 살피면서, "거듭나지 못한 이들은 이 세상 가운데서 으뜸가는 힘 또는 창조자의 존재만을 인식하며, 하나님의 속성들을 파악하지는 못하는 것이 분명합니다"라고 언급했습니다. 하지만 저는 당신의 견해에 동의하지 않습니다. 그 시편에 있는 어떤 내용도 그들의 인식 범위를 그런 식으로 제한하지는 않는다는 것이 제 생각입니다. 실제로 시편 19편은 거듭나지 못한 이들에게 전혀 초점을 맞추고 있지 않습니다. 이에 반해 로마서 1장에서는 그들에게 주의를 쏟으면서, 이 창조 세계가 그 거듭나지 못한 이들에게 하나님의 "영원하신 능력과 신성"을 드러내고 있다고 선포합니다. 그리고 이런 능력과 신성은 분명히 그분의 속성들인 것입니다. 심지어 위에서 언급한 당신의 견해 속에서도 다음과 같은 그분의 속성들이 제시되고 있습니다. '힘, 창조성, 으뜸 됨'이 바로 그것입니다.

당신은 만약 우리가 자연 세계로부터 하나님의 속성들을 알 수 있을 경우(또는 '알 수 없다'는 것인가요? 이 점에서 당신의 글은 명확하지 않습니다), "하나님의 존재를 부정한 이들은 '어리석은 자'가 되고 말 것"이라고 언급했습니다. 저는 이 부분에서 당신의 요점을 파악할 수가 없습니다. 혹시 당신은 시편 14:1의 내용을 문제 삼으면서, 무신론자는 어리석은 이가 **아니라고** 주장하는 것인가요? 그 점에 관해 논하자면, 불신자들은 이 세상 속에서 하나님의 속성들을 대면하고 **있으며**, 그들이 이 지식을 억누르는 일은 그들 자신이 어리석은 자임을 입증한다는 것이 제 생각입니다. 그리고 저는 로마서 1장에 관한 당신의 언급이 어떻게 당신 자신의 논증에 들어맞는 것인지도 헤아리기가 어렵군요.

이후에 살펴볼 순교자 유스티누스의 변증 방식은 몇 가지 측면에서 비판의 대상이 됩니다. 따라서 저는 그의 견해에 얽매이지 않을 것입니다. 하지만 일반 계시에 대한 그의 견해가 아무리 약화되었을지라도 유스티누스는 이 창조 세계 속에 하나님을 아는 지식이 **얼마간** 담겨 있음을 믿었던 것이 분명합니다. 그리고 하나님을 아는 **모든** 지식 가운데는 그분의 일부 신적인 속성들에 관한 지식 역시 포함됩니다. 이는 곧 그분의 '어떠하심' "what" God is 에 관한 얼마간의 지식인 것입니다.

무언가의 '어떠함' "what" it is 을 (지극히 조금이라도) 알지 못하면서 그것이 존재한다는 '것' "that" something exists 을 아는 일은 전혀 불가능합니다. 무언가가 지닌 '어떠함'을 알지 못하면서 그것의 '존재'를 아는 일은 곧 텅 빈 여백을 아는 일과 같을 것입니다. 이는 곧 그것에 관해 아무것도 알지 못하는 것입니다.

저는 칼뱅에 관한 당신의 언급에 대해서도 이와 동일하게 대답하고 싶습니다.

그리고 바울 당시의 아테네인들 역시 하나님에 관해 단순히 그분이 존재하신다는 '것' 이상의 내용을 알고 있었습니다. 이는 로마서 1장에서 그들에 관해 이야기해 주는 바와 같습니다.

그러므로 저는 하나님의 '어떠하심'을 아는 일이 **어느 정도까지는** 그분의 존재에 관한 모든 논증보다 앞선다는 점을 말하고 싶습니다. 이것은 이론적인 인식론보다는 실제적인 변증에 연관된 요점입니다. 인식론적인 영역의 경우, 이 둘 중 어떤 것도 먼저 오지 않는다는 것이 제 입장입니다. 곧 우리는 하나님이 '존재하신다는 것'과 그분의 '어떠하심'을 동시에 알게 되는 것입니다. 로마서 1장에 따르면 실제로 우리가 이 둘 중 어느 하나에 관해 알지 못하고 있는 때는 단 한 순간도 없습니다.

실제로 '존재'와 '속성'에 대한 전통적인 구분은 성경적이라기보다는 철학적인 범주에 속한 것입니다. 따라서 우리는 그 구분법을 그리 진지하게 받아들일 필요가 없습니다. 과연 그분의 '존재하심'이 하나님께서 소유하신 속성 중 하나라고 말해서는 안 될 이유는 무엇일까요? '서술하다'predicate 라는 단어가 지닌 일상적인 의미를 보건대 그것은 하나님의 어떠하심을 나타내는 하나의 술어임이 분명합니다. 물론 저는 칸트가 이와는 반대되는 논증을 제시했음을 알지만, 그의 논증은 다소 치우친 성격을 가진다고 생각

우리는 모두 철학자입니다

합니다. 그는 신의 존재에 대한 존재론적 논증을 제거하고자 했으며, 이에 따라 상당히 의심스러운 구분법을 제시했던 것입니다.

여하튼 무언가가 존재할 때, 그것은 언제나 어떤 속성들을 지니기 마련입니다.

그러면 우리는 실제로 복음을 전할 때 이 요점을 어떻게 '구현할' 수 있을까요? 이 질문에 관해서는 이후에 있을 변증학 수업 시간에 답해 보려 합니다. 그동안에 제가 쓴 『하나님의 영광을 위한 변증학』과 『코넬리우스 반 틸』에서 미리 그 내용들을 읽어보면 유익할 것입니다.

서로 다른 종류의 '하나님을 아는 지식'들에 관하여

아래의 편지에서 나는 다소 소홀히 여겨지는 개념인 '문화적으로 하나님을 아는 지식'에 초점을 맞추었다.

○ 2012년 6월 20일 ○

C에게

물론 '하나님을 안다'know God 라는 어구는 여러 다른 의미를 지닙니다. 그 어구는 하나님이 존재하심에 관한 지식을 가리킬 수도 있고, 하나님을 자신의 원수로서 아는 일(이는 사탄이 지닌 지식입니다)을 지칭할 수도 있습니다. 그리고 그 어구는 하나님을 우리의 주와 구주이신 분으로 아는 지식을 뜻할 수도 있지요. 또한 그 어구는 서로 다른 지식의 출처를 나타낼 수도 있습니다. 로마서 1장에서 바울은 '본성적으로 하나님을 아는 지식'에 관해 언급하는데, 이는 곧 성령님께로부터 우리에게 주어지는 지식입니다.

저는 또한 '문화적으로 하나님을 아는 지식' 같은 것이 존재한다고 생각합니다. 고대의 유대인들은 각자의 가정이나 사회 전반에서 하나님에 관한 이야기들을 일상적으로 접하곤 했으며, 이는 지금도 그러합니다. 그러나 당시의 이방인들은 "세상에서……하나님[이] 없는" 자들이었습니다(엡 2:12). 그들은 "알지 못하는 신"에게 경배했으며(행 17:23), 바울은 그들이 참되신 하나님을 알지 못했다는 점에 대해 동의하고 있습니다. 저는 공산주의 체제 아래서 자라난 많은 이들에 관해서도 이와 동일한 내용을 언급할 수 있다고 생각합니다. 곧 그들은 하나님에 관해 생각해 본 일이 전혀 없다는 것입니다.

하지만 그렇다고 해서 그들이 로마서 1장의 의미에서 하나님을 알 가능성이 배제되는 것은 아닙니다. 그러므로 제 생각에 당신은 로마서 1장의 관점 또는 사도행전 17장의 관점으로 그들에게 다가갈 수 있습니다. 물론 당신이 사도행전 17장의 방식으로 그들에게 접근할 때에는 로마서 1장의 가르침을 잊지 말아야 할 것입니다. 그리고 그 반대의 경우 역시 마찬가지입니다.

우리는 모두 철학자입니다

5. 나는 어떻게 살 것인가

목적론적 윤리 · 의무론적 윤리 · 실존주의 윤리 · 성경적 유신론

윤리와 인식론에 속한 관점들

나는 인식론이 윤리의 하위 분과로서 우리가 '믿어야 할' 내용이 무엇인지를 알려 주는 분야라고 주장해 온 바 있다. 이에 한 친구는 내게 편지를 써서, (내가 쓴 『기독교 윤리학』에 나타난) 윤리의 관점적인 모델이 (『신지식론』에 나타난) 인식론의 관점적인 모델과 어떻게 연관되는지를 질문해 왔다. 이에 관해 나는 아래와 같이 응답했다.

○ 2009년 7월 4일 ○

J에게

저는 윤리와 인식론 사이에 (놀랍게도!) 상호 관점적인 관계가 있다고 생각합니다. 저는 『신지식론』에서 인식론은 윤리의 한 측면

이라고 언급한 바 있습니다. 이는 인식론에서는 우리가 '믿어야할' 내용에 관해 다루기 때문입니다. 하지만 저는 그와 반대되는일 역시 사실이라고 말할 수 있습니다. 곧 윤리 역시 인식론의 한측면이라는 것입니다. 그 이유는 윤리에서 하나의 특정한 영역,곧 옳고 그름 또는 좋고 나쁨의 영역에 속한 지식을 진술하기 때문이지요. 그리고 형이상학은 윤리와 인식론에 뒤이어 세 번째 관점이 됩니다. 윤리와 인식론은 제각기 이 세상의 모든 사실들을전제하고 있습니다(이는 형이상학의 영역이다—옮긴이). 그리고 물론 앎에 관해 아는 일(이는 인식론의 영역이다—옮긴이), 또한 그 앎이 전제하는 가치들에 관해 아는 일(이는 윤리의 영역이다—옮긴이)이 없이는 우리가 형이상학의 작업을 수행할 수 없지요.

그러므로 윤리와 인식론의 관계를 정리해 보자면 다음과 같습니다. 윤리의 규범적인 관점은 곧 모든 일을 우리가 마땅히 믿고 행해야 할 것으로 바라보는 데 있습니다. 그리고 인식론의 규범적인 관점은 우리가 마땅히 믿어야 할 일들을 가리킵니다. 따라서 이 둘은 상응하는 성격을 지닙니다.

윤리의 상황적인 관점은 이 세상을 가리키며, 이때 이 세상은곧 윤리적인 규범들이 적용되어야 할 실제의 사실들로 간주됩니다. 그리고 인식론의 상황적인 관점 가운데는 사유의 법칙들에 따라 이해된 지식의 대상들이 속합니다. 이 둘 역시 상응하는 성격을 지니지요.

윤리의 실존적인 관점은 옳고 그름에 관한 우리의 내적인 지식과 경험을 가리킵니다(양심 등이 여기에 속합니다-제가 쓴 『기독교 윤리학』을 보십시오). 그리고 인식론의 실존적인 관점에서는 지식을 습득하는 우리의 내적인 경험을 다루지요(이 과정은 인지적인 안도감으로 끝맺게 됩니다). 이 둘 역시 상응하는 성격을 지닙니다.

제가 전에 쓴 글들 중 어딘가에서 이 문제를 이런 방식으로 논한 적이 있었는지 모르겠군요. 필요하다면 여기서 제시한 내용을 편하게 인용하셔도 좋습니다.

세속 국가에서 윤리를 가르치기

전에 내게 배운 한 학생이 기독교를 억압하는 국가에서 윤리를 가르칠 기회를 얻었다. 하지만 그는 그런 상황 속에서도 비기독교적인 윤리 체계들이 지닌 약점들을 드러내 보이기를 원했다. 나는 앞서 이 문제에 관해 그에게 몇 가지를 권면한 적이 있었는데, 그는 내게 아래의 편지를 써서 이 문제와 내 '관점적인 사유' 사이의 연관성을 질문해 왔다.

어떻게 하면 제가 좀 더 관점적인 접근법을 통해 각 체계가 지닌 약점을 드러낼 수 있을까요? 이 점을 달리 언급하자면, 교수님의 관점적인 사유는 이성적이며 경험적인 사유들과 어떤 식으로 상호 작용을 한다고 볼 수 있을까요? 그 사유는 후자의 사유들과 어떻게 다르며, 또 어떤 지점에서 그 차이가 나는 것인지 궁금합니다. 혹시 실제적인 예시들을 들어 주실 수 있을까요?

이에 대해 나는 아래와 같이 응답했다.

T에게

저는 세속적인 인식론의 역사를 합리론과 경험론*, 주관주의의
삼각 구도로 요약하곤 합니다.

1. 이성은 하나님이 우리에게 주신 선한 은사입니다. 이것은 기본
   적으로 추론을 전개하며 논리적인 일관성을 판단하는 능력이
   지요. 관점적인 측면에서 살펴보자면 이성의 초점은 규범적인
   관점에 놓입니다. 이는 우리의 사유에서 준수해야 할 규칙들이
   그 이성에 의해 수립되기 때문이지요. 이런 규칙들은 곧 논리의
   법칙들이지만 궁극적으로는 하나님의 계시를 통해 주어지는
   것들입니다.
       이제 이런 규칙들은 인간적인 사유의 일부분('규범적인 측
   면')일 뿐입니다. 하지만 그 규칙들은 또한 전체를 바라보는 하
   나의 관점을 이루기도 하지요. 그러니 우리가 합리성의 규칙들
   을 바르게 추구할 때, 그 규칙들은 우리를 인간이 파악할 수 있
   는 모든 진리들 가운데로 인도해 줄 것입니다.

* **경험론**(Empiricism): 인간의 감각적 경험이 지식의 토대가 된다는 견해.

그러나 비기독교적인 합리론에서는 인간의 이성을 절대화하고, 그 이성이 하나님의 규칙들에 근거하고 있음을 부정합니다. 따라서 그들의 합리론은 논리적인 공허함으로 이어질 뿐이지요. 그 사상은 곧 경험적인 내용이 없는 논리적 일관성을 낳는 것입니다.

2. 우리의 감각적인 경험은 하나님이 주신 또 다른 선물입니다. 관점적인 측면에서 논할 때, 그 경험의 초점은 상황적인 관점에 놓입니다. 이는 그 경험이 사유의 내용, 곧 우리가 그에 관해 생각하는 대상을 제공해 주기 때문이지요. 궁극적으로는 우리의 감각 경험 역시 하나님의 계시를 통해 주어지는 것입니다(우리는 이것을 '일반 계시'로 부릅니다). 그러므로 이 경험 역시 모든 지식을 바라보는 하나의 관점을 이루지요.

그러나 비기독교적인 경험론에서는 우리의 감각적인 경험을 절대화하고, 그것과 하나님의 계시 사이의 연관성을 단절시킵니다. 이는 곧 논리적인 규칙이나 제약들이 결핍된 감각의 보고들reports of sensation로 이어지게 되지요.

3. 주관성, 곧 우리의 내적인 느낌과 정신적인 삶 역시 하나님이 주신 또 다른 선물입니다. 이를 통해 우리는 논리와 감각, 그리고 다른 모든 형태로 주어지는 하나님의 계시들을 하나로 결합시킬 수 있게 됩니다. 우리의 주관성 역시 그 자체로 하나님이 주신 하나의 계시입니다(이는 우리의 자아가 그분의 형상으로 지음 받았기 때문이지요). 이상적인 경우에 우리의 주관성은 모든

지식의 출처들을 하나로 통합시키며, 이에 따라 우리는 여러 일들에 관해 확실한 지식을 얻게 됩니다. 그러므로 우리의 주관성역시 모든 지식을 바라보는 하나의 관점인 것입니다.

그러나 비기독교적인 주관주의(소피즘sophism, 고대 그리스의 소피스트들이 지녔던 사상—옮긴이과 실존주의, 포스트모더니즘 등)에서는 우리의 내적인 삶을 절대화하며, 그것을 논리의 규칙들과 경험의 제약들로부터 단절시킵니다. 그럼으로써 우리는 지식과 환상 사이를분간할 수 없게 되는 것입니다.

물론 비기독교적인 사유에서는 이들 각각의 관점이 하나의 전체를 아우르고 있다는 점을 제대로 파악하고 있습니다. 합리론이나경험론, 주관주의가 약간의 설득력을 지니는 이유는 바로 여기에있는 것입니다. 하지만 비기독교적인 사유에서는 그 전체적인 체계를 하나로 결합시키는 기독교의 통합적인 관점을 거부하며, 이에 따라 그런 사유들은 결국 파편화되어 무너지고 맙니다.

여기까지 제가 쓴 내용이 도움이 되기를 빕니다.

부분들로 이루어진 윤리 대 관점들로 이루어진 윤리

이 주제에 관해 나와 편지를 주고받은 이는 '결과'와 '동기'를 예리하게 구분하려 했다. 그러나 우리의 사유 가운데서 이 두 요소가특정한 방식에 따라 구별될 수는 있지만, 결국에는 서로 일치하게 된다는 것이 내 생각이다.

○ 2013년 7월 8일 ○

K에게

당신의 글을 보내 주어서 고맙습니다. 저는 약속했던 것처럼 상당한 관심을 품고서 그 글을 훑어보았습니다. 그러나 이미 말씀드렸듯이 그 글을 꼼꼼히 읽어볼 시간은 갖지 못했습니다.

저는 당신이 '결과'와 '동기'의 개념들을 가지고서 씨름하는 모습을 보게 되어 기쁩니다. 저 역시 『기독교 윤리학』에서 제 스스로의 모델을 발전시키면서 그 작업을 광범위하게 수행한 바 있습니다. 그래서 그 책을 어느 정도 살펴보는 일이 당신에게 도움이 될 수도 있겠다고 여겨집니다.

당신도 아시겠지만 저는 (반 틸과 개혁파의 신앙고백서들을 좇아) 윤리적인 의사 결정의 성경적인 모델을 발전시켰습니다. 그 모델은 '목표', '기준', '동기'의 세 가지 범주로 이루어져 있지요. 이 범주들은 제가 쓴 글들 중 다른 어딘가에서 제시한 세 가지 구분법과 어느 정도 일치합니다. 여기서 그 '기준'은 물론 성경에 담긴 하나님의 말씀이며, 그 '목표'는 하나님의 영광입니다. 그리고 그 결정의 '동기'는 신앙이지요(하지만 그 동기는 또한 사랑이 될 수도 있을 것입니다). 그러므로 당신이 언급하는 '결과'는 곧 제가 제시하는 '목표'이며, 당신이 말하는 '동기'는 저 역시 '동기'라고 지칭하는 개념입니다.

신학자들 사이에는 서로 다른 사고방식이 존재합니다. 그중 한 가지 방식은 개념들을 엄밀히 구분 짓고, 그 개념들을 서로 혼동하는 일을 엄격히 경계하는 것이지요. 이러한 태도는 예를 들어 개혁파 스콜라주의의 교의학에서 전형적으로 나타납니다. 그리고 또 다른 사고방식은 개념들 사이의 서로 중첩되는 부분을 찾아내고 그 개념들을 가능한 한 하나로 결합시키며, 그 개념들이 서로를 함축하고 정의할 뿐 아니라 어떤 맥락에서는 서로 바꾸어 쓰는 일까지 가능하다는 점을 보여주려 하는 유형입니다. 이것은 곧 반 틸이 품었던 태도이며(아마도 그는 관념론의 영향을 받았을 것입니다), 또한 제 자신의 방식이기도 합니다. 그러므로 당신은 '구분하는 이'인 반면에, 저는 '결합시키는 이'에 속한다고 할 수 있을 것입니다.

저는 이런 방법론들이 반드시 서로 대립하는 관계에 있어야만 한다고는 생각하지 않습니다. 어떤 측면에서는 이 방법론들이 서로 경쟁하게 되겠지만, 또 다른 측면에서는 서로에게서 배울 점이 있을 것입니다.

이 점을 현재의 맥락에 연관시켜 말하자면, 당신은 결과와 동기를 서로 엄밀히 구분하기 위해 많은 노력을 기울이는 반면에 저는 그 둘을 하나로 결합시키는 경향이 있습니다. 곧 그 둘을 서로를 바라보는 '관점'들로 삼는 것입니다. 제 접근방식에 따르면 우리가 행하는 일들의 결과로서 하나님의 영광을 추구하는 일은 곧 우리의 온 마음을 다해 그분을 사랑하는 일입니다(그리고 다른 사

우리는 모두 철학자입니다

람들을 사랑하는 일도 여기에 포함됩니다). 또한 그 반대의 경우도 성립하지요. 물론 우리가 이 같은 접근법을 취하기 위해서는 '하나님의 영광'과 '사랑'을 다양한 지점에서 서로 중첩되는 복잡한 실재들로 이해하는 일이 요구됩니다.

저는 이 문제에 관해 언급해야 할 내용이 훨씬 더 많음을 압니다. 하지만 솔직히 지금은 이에 관해 대화를 계속 이어갈 시간이 생기지 않는군요. 하지만 분명한 것은 당신이 이 문제를 바람직한 방향에서 접근하고 있다는 사실입니다. 그리고 당신의 글은 높은 수준의 사고력을 보여주고 있지요. 저는 당신의 작업이 잘 발전하여서 하나님 나라에 유익하게 쓰이기를 기대합니다.

6. 내가 지닌 권리들은 무엇인가

———

권리에 대한 성경의 가르침

권리와 의무들

지금 우리 문화권에서는 모든 이들이 자신들의 '권리'에 관해 이야기하고 있다. 그러나 성경에서는 이 문제에 관해 어떻게 말씀하고 있는가?

○ 2010년 11월 13일 ○

J와 S에게

제가 아는 한 『기독교 윤리학』의 16쪽에 있는 그 문단은 제가 그 책에서 일반적인 의미의 '권리'에 관해 언급한 유일한 부분입니다. 저는 그 문단에서 권리를 의무와 상호 연관성을 지닌 것으로 정의했습니다. 이는 곧 내가 X를 누릴 권리를 가진다면, (아마도 나 자신을 포함하여) 누군가는 나에게 그 X를 공급해 줄 의무 또는 책임을 가진다는 것이지요. 그리고 『기독교 윤리학』의 나머지 부분에서는 의무에 관해 많은 내용을 논의했지만, 권리에 관해서는 언급하지 않았습니다. 그러나 권리에 대한 저의 이해는 제가 의무에 관해 언급하는 여러 부분들로부터 추론할 수 있을 것입니다.

아마도 제가 그 책에서 그런 태도를 취했던 이유는 오늘날 우리 문화권에서 권리에 대한 논의는 지나치게 많은 반면에, 의무에 대한 논의는 너무 적다는 확신 때문이었던 것 같습니다. 그러나 의무가 없다면 권리는 무의미한 것이 되지요. 그래서 저는 다시금 적절한 균형을 회복시키려고 시도해 보았습니다.

7. 나는 어떻게 구원받을 수 있는가

성경의 구원

중생은 순간적으로 일어나는 사건일까?

물론 중생 또는 새로 태어남은 성령님이 인간의 눈에 보이지 않게 행하시는 사역이다. 하지만 그 일을 순간적인 사건으로 묘사해야 할 몇 가지 이유들이 존재한다.

○ 2011년 12월 1일 ○

A와 V에게

제가 보기에 중생의 순간적인 성격을 옹호하는 주된 논증은 바로 신자들의 옛 삶과 새로운 삶 사이에 순전한 대립이 존재한다는 데 있습니다. 제 생각에 우리는 이 둘 중 어느 하나의 상태에 있어야 만 합니다. 곧 어떤 식으로든 이 두 상태 모두에 머물거나, 어느 하 나에서 다른 하나로 옮겨가는 과정 중에 있을 수는 없습니다. 우리는 두 주인을 섬길 수 없습니다. 그러니 만일 우리가 사탄을 섬기는 일을 그만둔다면, 바로 그때에 우리는 주님을 섬기게 되는 것이지요. 그렇지 않겠습니까?

이와 더불어 다음의 내용들을 고려해 보십시오. (1) 새로운 창조의 은유(고후 4:6; 5:17). 여기서 이 일은 '무無로부터의' 창조 creation ex nihilo 에 비견되고 있습니다. (2) 죽음과 새로운 생명의 은유(엡 2:1-6). 우리의 부활이 이루어질 때 죽음은 끝이 나기 마련입니다.

물론 V씨가 강조했듯이 우리는 성령님의 사역을 눈으로 볼 수가 없습니다. 따라서 우리는 옛 삶이 끝나고 새로운 삶이 시작되는 시점이 정확히 언제인지를 눈으로 파악할 수 없는 것입니다. 외적인 측면에서나 경험적인 측면에서 그 일은 분명히 하나의 과정처럼 보일 수 있습니다. 사람들이 자신의 옛 삶에 속해 있는 동안에도 그들로 하여금 예수님을 생각하게 만드는 일들이 일어나며, 그들이 마음으로 그분께 헌신하기 전에 오랜 숙고의 시간이 이어질 수도 있습니다. 그리고 우리가 오랫동안 명목상의 회원으로서 교회 안에 머물다가 나중에 가서야 진정한 은혜의 감동을 체험하는 일 역시 생겨날 수 있는 것입니다.

여기서 언급한 내용 중에 도움이 되는 것이 있기를 바랍니다.

회심은 점진적인 일일까, 아니면 급작스럽게 일어나는 것일까?

이 질문의 답은 우리가 취하는 관점에 달려 있다. 하나님의 편에서 볼 때 인간의 회심은 급작스럽게 일어나는 것이지만, 우리의 편에서 그것은 점진적으로 이루어지는 일일 수도 있다.

S에게

이 질문에는 두 가지 문제가 연관되어 있습니다. (1) 신학적으로 논하자면, 모든 사람은 중생했거나 그렇지 못하거나 둘 중 하나입니다. 다시 말해, 각 사람은 그리스도께 순복하여 자신의 모든 삶을 그분께 드리려 하든지, 그렇지 않으면 삶의 모든 영역에 대한 그분의 주권을 억누르려고 애쓰든지 둘 중의 하나라는 것입니다. 그리고 이에 따라 그들 사이에는 하나의 대립이 생겨나게 되는데, 곧 세상의 지혜와 하나님께 속한 지혜 사이의 대립이지요.

(2) 하지만 여기에는 또한 과정의 문제가 있습니다. 이 점에 관해서는 다음의 몇 가지 사안들을 논해 볼 수 있지요. (a) 사람들이 자신들의 중생하지 못한 삶에서 겪는 여러 경험들. 이 경험들은 성령님이 그들을 중생하게 하실 때에 비로소 열매를 맺게 됩니다. (b) 중생하지 못한 이들의 마음속에 존재하는 비일관성. 이에 따라 그들은 종종 자신들이 그릇된 존재임에도 불구하고 하나님께 속한 진리들을 고백하게 됩니다. 이런 진리들은 '하늘이 파랗다'는 사실과 같이 시소한 것일 수도 있고, 예수님의 사명에 관한 사탄의 지식에서 보듯이 깊은 중요성을 지닌 것일 수도 있습니다. (c) 어떤 이가 중생한 사람인지 아닌지를 우리가 파악하려 할

때에 늘 존재하는 불확실성. 물론 이 양자는 절대적으로 구분되지만, 그 구분이 우리의 눈앞에 온전히 드러나는 것은 아닙니다. 이는 우리에게 사람의 마음을 읽어낼 능력이 없기 때문이지요. (d) 비그리스도인들이 하나님께 속한 진리들을 이용해서 그 진리들 자체를 반대할 수 있다는 점(여기서도 사탄을 그 예로 들 수 있지만 바리새인들 같은 이들도 여기에 속합니다). (e) 이 세상은 하나님의 계시에 둘러싸여 있기에 그분의 진리를 완전히 억누르는 일은 불가능하다는 점.

그러니 비그리스도인들도 우리가 제시하는 논증들을 통해 어느 정도 영향을 받을 수는 있습니다. 다만 일반적으로 우리는 이 일이 지니는 의미를 완전히 헤아리지는 못하지요.

기독교 가정에서 양육된 자녀들이 점진적으로 복음의 내용을 받아들이게 되는 경우는 위에서 논한 것과 또 다른 문제라고 할 수 있습니다. 이 경우에 그들의 회심은 언약의 결과이지요. 그리고 그 가운데는 유아 시절에 경험한 중생의 결과 역시 종종 포함됩니다(예를 들어 눅 2:40을 보십시오).

중생, 신앙, 회심

나에게 배운 한 학생이 어떤 선교 단체에 선교사 후보생으로 지원하게 되었다. 그는 내게 보내온 편지에서, 위의 세 개념 사이의 관계적인 측면에서 그 단체의 신학적 입장에 관해 무언가 경계할 점은 없을지 염려하는 모습을 보였다. 이에 나는 아래와 같이 답장을 보냈다.

○ **2012년 7월 10일** ○

언제든지 이런 측면에서 잠재적인 문제의 가능성은 있기 마련입니다. 하지만 이 세 범주는 성경적인 것들로서 우리가 회심할 때에 동시적으로 일어나는 사건들을 묘사하고 있습니다. 그러니 당신이 이런 개념들을 성경의 방식대로 제시하기만 한다면 아무 문제가 없을 것입니다.

저는 그 단체의 교리적인 성향이 어떠한지를 잘 모릅니다. 그곳에서 당신은 중생과 신앙의 관계 문제에 부딪힐 수도 있을 것입니다. 개혁신학에서 중생은 신앙보다 앞서 오는 것으로서 후자의 원인이 됩니다. 중생은 하나님이 친히 행하시는 사역이며(요 3장), 우리가 선택할 수 있는 어떤 일이 아닙니다. 이에 반해 신앙은 하나의 선택이지요. 하지만 우리로 하여금 그 신앙을 선택하도록 이끌어 가는 힘은 바로 그 중생에서 나옵니다.

그런데 일부 복음주의자들은 다음과 같이 선포하기를 선호합니다. "만일 복음을 믿는다면, 당신은 거듭나게 될 것입니다." If you believe, you'll be born again. 곧 그들은 우리의 신앙이 중생의 원인임을 시사하는 것이지요.

그런 그들의 입장은 성경적인 것이 아닙니다. 하지만 신앙과 중생이 동시에 일어나는 것은 사실이지요. 그러니 우리에게 신앙이 있다면 우리는 중생한 이들이며, 또 우리가 중생한 이들이라면 우리는 신앙을 소유하게 될 것입니다. 그렇기에 여기서 "만일"이 시간적인 우선성을 나타내기보다 단지 논리적인 조건을 표명하는 것일 경우에, "만일 복음을 믿는다면, 당신은 거듭난 사람입니다." If you believe, you are born again. 라는 진술은 참이 되는 것이지요.

나아가 베드로전서 1:23과 야고보서 1:18에서는 우리의 중생이 하나님의 말씀을 통해 임함을 가르치고 있습니다. 이는 말씀을 믿는 그 일이 우리의 중생을 낳는다는 점을 시사합니다. 그러므로 성경은 두 가지의 서로 다른 중생 개념을 제시하는 것일 수도 있습니다.

중생과 신앙은 동시에 일어나는 일이기 때문에 이 둘 사이의 관계는 그리 중요한 일이 아닐지도 모릅니다. 하지만 사람들은 때로 그 문제를 매우 중요시하기도 하지요.

하나님이 우리의 회심 이후에
우리를 곧바로 거룩하게 만드시지 않는 이유는 무엇일까?

한 학생이 나에게 다음의 편지를 보내 왔다.

○ 2010년 1월 27일 ○

제 어머니가 대화 중에 다음의 내용들을 질문하셨는데, 저는 그 질문들에 어떻게 답해야 좋을지 전혀 알 수가 없었습니다. 그 내용들은 이렇습니다.

'만일 우리가 그리스도인이 될 때에 이미 예수님이 십자가에서 우리를 위해 행하신 일들과 장차 우리가 하늘에서 영광 중에 거룩한 상태에 있게 될 일의 관점에서 하나님이 우리를 바라보시게 된다면, 우리가 거룩해지기 위해 굳이 그때까지 기다려야 할 이유는 무엇일까? 우리가 그리스도인이 되고 난 후에 하늘에 가기까지의 시간이 존재하는 이유는 무엇이지? 물론 하나님께서는 우리가 죽기 전까지 이 세상에서 얼마 동안 삶을 이어가게 하시는 여러 이유들을 가지고 계시겠지. 하지만 우리를 지금 이곳에서 즉시 거룩하게 만드시지 않는 이유는 무엇일까?'

이에 대해 나는 다음과 같이 응답했다.

N군, 좋은 질문을 주어서 고맙습니다. 이 질문에 관해서는 저 역시 좋은 대답을 가지고 있지 않습니다. 하지만 우리는 이렇게 반문해 볼 수 있을 것입니다. '그러면 하나님께서 아담이 죄를 지은 후에 즉시 그리스도를 보내서서 우리를 구원하시고 인류를 하늘로 이끌어 올리지 않으신 이유는 무엇일까요?' 그분만이 아시는 어떤 이유로 하나님은 모든 일을 역사적인 사건들의 진행 과정 속에 배열하는 편을 선호하셨던 것 같습니다. 요즈음 사람들이 즐겨 쓰는 표현처럼 "하나의 이야기를 들려주기를" 원하셨던 것이지요.

우리 자신이 참여하고 있는 이 이야기의 구조를 감안할 때,

우리는 모두 철학자입니다

우리는 이에 관해 더 많은 내용을 언급할 수 있을 것입니다. 하나님은 우리가 회심한 이후에도 여러 해 동안 이 세상에 머물도록 하셨습니다(적어도 우리 중 대부분의 경우에는 그러하지요!). 그런데 이는 주로 우리에게 거룩하게 될 시간을 주시기 위함이 아니라, 우리로 하여금 그분의 지상 명령을 수행하며 선택된 백성들을 그분의 나라 안으로 인도하도록 이끄시기 위함이셨습니다. 이 시간 동안에 하나님께서는 즉각적인 기적에 의해서가 아니라 또 다른 '이야기'를 통해 우리를 성화시키시는 편을 선택하셨습니다. 이는 곧 우리의 하늘 아버지께서 우리를 연단하시고 우리에게 복을 베푸시며, 여러 우여곡절을 통해 우리의 죄를 하나씩 다루어 가시는 일에 관한 이야기이지요. 그리고 또 다른 이유를 제시하자면, 우리가 이미 완전한 사람들이 되어 죄와 씨름하지 않게 되었을 경우에 죄에 빠진 이들을 향한 우리의 증언은 다소 효력을 잃게 될지도 모릅니다. 여하튼 간에 이야기꾼이신 우리의 하나님께서 이같이 하나의 이야기 속에서 또 다른 이야기들을 만들어 내시는 일에 관해 우리는 놀랄 필요가 없습니다. 다만 하나님이 왜 이와 같이 역사적인 과정으로 진행되는 방식을 선호하시는지는 저도 알 수가 없군요.

주

서문

1. 특히 *Apologetics: A Justification of Christian Belief*(Phillipsburg, NJ: P&R, 2015). (『개혁파 변증학』 개혁주의신학사), *Cornelius Van Til: An Analysis of His Thought*(Phillipsburg, NJ, P&R, 1995), *The Doctrine of the Knowledge of God*(Phillipsburg, NJ: P&R, 1987). (『신지식론』 개혁주의신학사), *The Doctrine of the Word of God*(Phillipsburg, NJ: P&R, 2010). (『성경론』 개혁주의신학사), *A History of Western Philosophy and Theology*(Phillipsburg, NJ: P&R, 2015). (『서양 철학과 신학의 역사』 생명의말씀사), *Systematic Theology*(Phillipsburg, NJ: P&R, 2013). (『조직신학』 부흥과개혁사), 그리고 Vern Poythress, *Redeeming Philosophy*(Wheaton: Crossway, 2014), Cornelius Van Til, *The Defense of the Faith*(Phillipsburg: P&R, 2008), Greg Bahnsen, *Van Til's Apologetic*(Phillipsburg: P&R, 1998)을 보라.

1. 만물은 무엇으로 이루어져 있는가

1. 형이상학은 존재 자체의 본성, 우주의 기본 구조에 관해 탐구하는 철학 분과이다.
2. 이때 조각가의 작업은 '작용인', 곧 그 조각상을 그 자체의 모습이 되게 하는 사건이 된다. 그러므로 아리스토텔레스는 작용인과 형상인, 목적인과 질료인의 네 가지 원인을 언급하고 있다.
3. 그 원자들의 운동은 예측 불가능한 것이어야만 한다. 이는 그것을 예측할 수 있는 존재가 없기 때문이다. 그것을 예측할 수 있는 이는 하나의 인격체, 곧 한 분의 인격

적인 신이어야만 한다. 그러나 이 고대의 그리스인들은 물질주의자였기에, 그런 인
격적인 신들의 존재를 인정하지 않았다. 따라서 그들은 처음부터 이런 예측의 개념
을 배제했다.

4. 아리스토텔레스의 '제일 질료' 역시 하나의 은유이다. 이 은유에서 그는 우주가 서
로 구별되지 않는 물질들의 더미 위에 존재하고 있다고 묘사한다. 이 물질들의 더
미는 곧 '제일 질료'이며, 이는 아낙시만드로스의 '아페이론'과 별다를 바가 없다.

5. 우리는 천문학이나 물리학, 화학과는 달리 철학은 한 세대에서 다음 세대로 이어지
는 가운데서도 진정한 진전을 이루지 못한다는 점을 인식해야 한다. 철학의 언어는
바뀌고 그 논증들은 발전하지만, 철학 그 자체는 매 세대마다 똑같은 문제들과 씨
름하며 그것이 내놓는 답 역시 동일한 형태로 나타나게 된다.

6. 만약 실재의 가장 작은 조각이 존재하지 않는다면, 이 세계의 궁극적인 구성 요소
는 존재하지 않는 것이 된다.

7. 이 책의 4장에서 이 구절에 대한 문맥상의 해설을 살펴보라.

8. *The Doctrine of the Knowledge of God* (Phillipsburg, NJ: P&R, 1987). (『신지식론』 개
혁주의신학사), *The Doctrine of the Word of God* (Phillipsburg, NJ: P&R, 2010). (『성경
론』 개혁주의신학사)을 보라.

3. 나는 이 세상을 알 수 있는가

1. Gettier, "Is Justified True Belief Knowledge?" *Analysis*, Vol. 23, pp. 121-123 (1963).

2. G. E. 무어는 사실들로부터 의무들을 이끌어내는 것을 '자연주의의 오류' the naturalistic
fallacy('-이다'[is]에서 '-해야 한다'[ought]를, 또는 사실에서 의무를 추론해내려는 시도)로 불렀다.

3. 『신론』*The Doctrine of God* 과 『조직신학』*Systematic Theology* 에서 나는 권위와 능력, 사랑
은 곧 하나님이 지니시는 '주재권의 속성들' lordship attributes 이라고 주장했다. 이 셋은
곧 주님이신 그분의 지위를 나타내는 성경적인 정의에 속한 속성들인 것이다. 이
책들에서 나는 이들 각각에 대해 '권위'와 '통제', '언약적 임재'라는 명칭들을 사용
했다. 나는 또한 이 속성들을 각기 성부와 성자, 성령 하나님께 결부시켰다.

4. 신은 존재하는가

1. 코넬리우스 반 틸이 지적했듯이, 이때 그 비합리성은 합리주의적인 근거 위에서 주
장된다. 이는 비합리주의자들이 **고의적으로** 진리를 억누르고 있기 때문이다. 그러
므로 불신자들의 사유는 합리적인 동시에 비합리적이다. 그들의 생각은 한 극단에

서 다른 극단으로 도약하곤 하는 것이다. 우리는 철학의 역사에서 이런 도약의 양식을 관찰하게 된다. 파르메니데스의 합리주의는 소피스트들의 비합리주의를 불러 일으켰으며, 데카르트의 합리주의는 흄의 비합리주의를 가져왔다. (그리고 이런 식으로 역사는 지속된다.) 그런데 비합리주의는 합리주의의 전제들이 없이 존재할 수 없으며, 이는 그 반대의 경우 역시 마찬가지이다. 철학이 대개 하나의 모순된 생각으로 전락하고 마는 이유가 바로 여기에 있다.

5. 나는 어떻게 살아야 하는가

1. 그러므로 경험주의 인식론(감각 경험에 토대를 둔 인식론)을 따르는 철학자들은 목적론적인 윤리를 선호하는 경향을 보인다. 이는 목적론적인 윤리학자들의 경우와 마찬가지로, 그들 역시 이 세상에 대한 우리의 지식은 그저 사실들에 관한 지식일 뿐이라고 믿기 때문이다.

2. 여기서 나는 그 계명들을 내 언어로 풀어 쓰면서 약간의 해석과 적용을 덧붙였다. 이에 관해 더 자세한 설명을 살피려면 나의 저서인『기독교 윤리학』을 보라.

3. 나는『기독교 윤리학』에서 이 세 가지 윤리적 원리들이 앞서 4장에서 논한 '주재권의 속성들'을 반영한다고 주장했다. 곧 의무론은 하나님의 권위를 반영하며, 목적론은 그분의 통제력을 나타내는 것이다(목적론은 최종 목표에 초점을 맞추는데, 이 세상의 모든 실재는 하나님의 능력에 의해서 그 목표를 향해 움직이고 있다). 그리고 실존주의는 그분의 자비로운 임재를 드러내고 있다. 이처럼 세 원리들이 서로 일관성 있게 들어맞기 때문에, 기독교 윤리에서는 '명령 윤리'와 '내러티브 윤리', '덕 윤리' 사이에 충돌이 빚어질 이유가 없다. 또는 코넬리우스 반 틸이 강조했던 '목표'와 '표준', '동기'의 삼각 구도 사이에도 그런 충돌이 존재할 이유가 없는 것이다.

6. 내가 지닌 권리들은 무엇인가

1. 이 사안은 물론 시민 불복종과 혁명, 수동적인 저항과 무저항의 질문들에 연관되어 있다. 내가 쓴『기독교 윤리학』의 pp. 618-621을 보라. 또한 인종(pp. 650-653)과 인종 차별(pp. 666-678)에 관한 논의들도 살펴보라.

7. 나는 어떻게 구원받을 수 있는가

1. 인간의 타락에 대한 니부어의 교리 자체는 정통적인 것이 아니었다. 이는 그가 창

세기 3장에 기록된 일들을 역사적인 사건으로 인정하지 않았기 때문이다. 하지만 니부어는 우리가 모두 잘못을 범한다는 것을 명백한 사실로 여겼다.

부록

1. 구약의 율법 가운데서 신약에서 성취되거나 폐지되지 않은 것들은 오늘날의 교회와 시민 사회에서도 시행되어야 한다고 주장했던 20세기 미국의 종교적인 운동. '기독교 재건주의'로도 불리며, 루서스 존 러쉬두니와 그레그 반센 등이 그 대표자이다—옮긴이.
2. 같은 책, p. 152 이하.
3. 19세기 초엽 영국에서 사역했던 존 넬슨 다비와 조지 뮐러 등의 영향을 받아 독일에서도 시작된 종교 운동—옮긴이.
4. 여러 사례들에 관한 논증들을 한데 모아서 하나님의 존재가 지닌 개연성을 더욱 설득력 있게 입증하려는 변증 방식. 영국의 리처드 스윈번 등이 이런 입장을 취한다—옮긴이.
5. 신자와 불신자들 사이의 공통 기반보다는 그들이 지닌 전제상의 차이점을 강조하는 변증 방식. 코넬리우스 반 틸 등이 이런 입장을 취했다—옮긴이.

참고문헌

Anderson, James, *What's Your Worldview? An Interactive Approach to Life's Big Questions* (Wheaton: Crossway, 2014). (『나도 모르는, 나의 세계관』이레서원)

____, *Why Should I Believe Christianity?* (Ross-shire, Scotland: Christian Focus Publications, 2016).

Bartholomew, Craig, and Michael Goheen, *Christian Philosophy: A Systematic and Narrative Introduction* (Grand Rapids: Baker Academic, 2013). (『그리스도인을 위한 서양 철학 이야기』IVP)

Clark, Gordon H, *A Christian View of Men and Things* (Unicoi, TN: Trinity Foundation, 1998).

Edgar, William, *Reasons of the Heart* (Phillipsburg: P&R, 2003).

Frame, John M, *Apologetics to the Glory of God: An Introduction* (Phillipsburg, NJ: P&R, 1994). (『하나님의 영광을 위한 변증학』영음사)

____, *Apologetics: A Justification of Christian Belief*, 2nd ed (Phillipsburg, NJ: P&R, 2015). (『개혁파 변증학』개혁주의신학사)

____, *Cornelius Van Til: An Analysis of His Thought* (Phillipsburg, NJ, P&R, 1995).

____, *The Doctrine of God* (Phillipsburg, NJ: P&R, 2002). (『신론』개혁주의신학사)

____, *The Doctrine of the Christian Life* (Phillipsburg, NJ: P&R, 2008). (『기독교

우리는 모두 철학자입니다

윤리학』개혁주의신학사)

＿＿, *The Doctrine of the Knowledge of God*(Phillipsburg, NJ: P&R, 1987). (『신
지식론』개혁주의신학사)

＿＿, *A History of Western Philosophy and Theology*(Phillipsburg, NJ: P&R,
2015). (『서양 철학과 신학의 역사』생명의말씀사)

＿＿, *Salvation Belongs to the Lord*(Phillipsburg, NJ: P&R, 2006). (『조직신학 개
론』개혁주의신학사)

＿＿, *Systematic Theology*(Phillipsburg, NJ: P&R, 2013). (『조직신학』부흥과개혁사)

Jones, Peter, *One or Two: Seeing a World of Difference*(Escondido, CA: Main
Entry, 2010).

Keller, Timothy, *The Reason for God: Belief in an Age of Skepticism*(New York:
Dutton, 2008). (『팀 켈러, 하나님을 말하다』두란노)

＿＿, *Making Sense of God: An Invitation to the Skeptical*(New York: Viking,
2016). (『답이 되는 기독교』두란노)

＿＿, *Walking with God through Pain and Suffering*(New York: Penguin, 2015). (『팀
켈러, 고통에 답하다』두란노)

Lewis, C. S. *Mere Christianity*(New York: HarperOne, 2015). (『순전한 기독교』홍
성사)

Meek, Esther Lightcap, *A Little Manual for Knowing*(Eugene, OR: Cascade
Books, 2014).

＿＿, *Longing to Know*(Grand Rapids: Brazos Press, 2003).

＿＿, *Loving to Know*(Eugene, OR: Wipf and Stock, 2011).

Oliphint, Scott, *Know Why You Believe*(Grand Rapids: Zondervan, 2017).

Poythress, Vern, *Redeeming Philosophy: A God-Centered Approach to the Big
Questions*(Wheaton: Crossway, 2014).

Schaeffer, Francis, *The Francis Schaeffer Trilogy: The God Who Is There, Escape
from Reason, He Is There and He Is Not Silent*(Wheaton: Crossway, 1990).

Stokes, Mitch, *A Shot of Faith to the Head: Be a Confident Believer in an Age of
Cranky Atheists*(Nashville: Thomas Nelson, 2012).

____, *How to Be an Atheist: Why Many Skeptics Aren't Skeptical Enough* (Wheaton: Crossway, 2016).

Van Til, Cornelius, *Christian Apologetics* (Phillipsburg, NJ: P&R, 2003).